suncolor

suncolor

suncolor

MBTI

我，和我的使用說明書

雪力獻給 16 型人們，
找到最舒服的自己

雪力（夏瑄澧）——著

suncolor
三采文化

獻給疲憊的你
你是這個世界的禮物
你只需要
往合適的方向看望

CONTENTS 目錄

序
MBTI 改變了我   12

Chapter 1
做最舒服的自己   18

為了人設而活的日子   21
透過 MBTI 看懂自己   24
完整，不用完美   27
脫下面具，才能重生   30

Chapter 2
讓 MBTI 幫助你，而非定義你   34

開始前，必須知道的事   37
雪力的 MBTI 悖論   50
這些迷思，你也中了嗎？   53

Chapter 3

MBTI 四個向度——一切從這裡開始 58

E vs. I：從哪裡獲得能量？ 60

S vs. N：如何接收資訊？ 64

T vs. F：如何做決定？ 68

J vs. P：做決定後，如何執行？ 72

開始組合真正的你 76

Chapter 4

IS_J——珍惜「老字號」的經驗 82

致 ISTJ：「你如果不說，有些人真的不懂」 92

致 ISFJ：「唯一不變的是變化本身」 102

Chapter 5

ES_P——反應迅速又能活在當下　112

致 ESFP：「你不需要永遠為了讓別人開心而回應」　122

致 ESTP：「事前演練是為了上場發揮 100% 的實力」　132

Chapter 6

IN_J——從內在邏輯看到未來趨勢　142

致 INTJ：「讓別人聽得懂也是一種智慧」　150

致 INFJ：「不要忘記留一點大愛給自己」　160

Chapter 7

EN_P──天生內建強大的雷達 172

致 ENFP：「不是三分鐘熱度，探索是你的天賦」 182

致 ENTP：「慎選戰場，不要贏了戰鬥，卻輸了戰爭」 194

Chapter 8

I_TP──重視邏輯與品質管理 206

致 ISTP：「把自己當成觀察家，面對別人的情感」 214

致 INTP：「不要只看到水杯沒滿，也要看到杯裡有水了」 224

Chapter 9

E_TJ──為了高效執行而封藏情感 236

致 ENTJ：「請先確認別人有與你相同的成功圖像」 246

致 ESTJ：「抵達終點的路上，別忘了欣賞風景」 256

Chapter 10

I_FP──透過自身感受而了解世界 268

致 ISFP：「把你的情緒化為作品呈現出來」 280

致 INFP：「把在地球的人生當作修行之旅」 290

Chapter 11

E_FJ──重視人與人之間的理解以及團體和諧　300

致 ENFJ：「你的貢獻可能未來才會受人由衷欣賞」　310

致 ESFJ：「大家過去與現在的需求，不一定是未來的需求」　320

後語

世界需要不同的你我　330

致謝　336

附錄　339

序／
MBTI改變了我

　　我在三十出頭時開了一家蛋糕店。我一向自認是很有想法和主見的人，但那一年不知道為什麼做了這件蠢事。

　　並不是說開蛋糕店是件蠢事，而是我根本從來沒有想要開店，也不喜歡進廚房。我愛吃甜點，但也說不上是美食家。那為什麼要開？因為我的背景。我有很多餐飲界的資源，當時 85 度 C 竄紅，「大家」都覺得我可以開、我「應該」開、這件事對我「應該」滿容易的，所以我就去做了。

　　那時我剛搬回台灣。離開了多年，又從來沒有在台灣上過班，因為文化上的差異在職場吃了很多苦。在這個脆弱又沒有方向的時刻，「大家」的建議忽然聽起來不錯。

　　在我兜好資源、找到店面，要走去簽約的路上，我忽然聽到一個聲音說：「不要做！」現在回想，也不記得真的是聲音，或是自己的感覺，總之我有停下腳步幾秒，但這麼荒謬的事情我當然沒有理會。

　　蛋糕店的失敗是我 30 到 40 歲連續失敗的第一擊。在這之後，事業上還有幾次受挫。雖然我也有學紫微斗數，但自己算自己總是算不出來，所以每次到谷底我還是會找算命老師。算來算去都是那幾年大限不太好、流年不順。既然是流年不順，也沒辦法改變，只能咬緊牙關撐過去，期待自己走運的時候。

　　第一次接觸 MBTI，是 46 歲在哥倫比亞大學上組織心理學的碩士學程（Executive Masters Program，XMA）的時候，這學程等同心理學系的 EMBA，必須是正在工作、並在公司擔任高階主管的人才能就讀。我念的是「變革領導」（Change Leadership），課程內容是協助在位的人透過心理學來分析組織動力及組織潛意識，進而了解如何推動組織改革，或幫助組織在面對大環境改變時預做準備。為什麼回去念書？因為當時覺得職場上碰到了很大的瓶頸。但現在回頭看，當時其實整個人生都碰到了瓶頸。

　　上課一開始，我們主任教授就說「領導者去哪裡，組織就會去哪裡」（Organizations go where leaders go!）。

領導者要能看到組織的盲點，勢必先覺察自己的盲點，所以我們做了十幾種不同的心理學評量。那時的我已經不算年輕，自以為很了解自己，但是有幾個評量還是讓我有被敲醒的感覺，其中一個就是 MBTI。

關於我的性格，MBTI 給了我一些新的見解。這個評量的向度讓我知道，我看事情的角度來自於我的心智功能，而透過了解心智功能的分類，我看到人與人的不同，以及衝突的引發點。對我最大衝擊的發現是，原來我無法推動改革的原因在於我是問題的共創者。我人生一直碰到類似的劇情，不光是因為我流年不好，我有必要負起應有的責任。

我想起大學時，有個朋友介紹一位很有名的算命師。他算的內容我一點都不記得，但是我記得他跟我說：「你知道為什麼算命的準嗎？因為就算我告訴你性格缺陷要改的部分，99% 的人都不會改。所以算命的準，因為大家寧可認命與怪罪運勢，也不願意改變自己來扭轉命運。」

　　我們的人生，雖然有很多不能選擇的，像是自己的父母、手足、成長環境、社經背景等，但是有很多事情是我們可以掌控的。最容易也最難的，就是掌控自己的心態。自從我開始自我覺察，我的人生整個改變了。我換了工作，跟家人的關係變好了。正值青春期的女兒一度不想理我，從我改變後也開始常常找我閒聊。雖然我的心情還是時好時壞，有時還是很煩很累，但是我活得舒服多了，也覺得人生是充滿喜悅的。

　　有了這樣的領悟後，我常常想，以前如果有人這樣點我一下就好了，告訴我很多看似我無法控制的事情，其實也是我共創出來的——一個人對於身邊的人最嚴苛的那一面，通常也是潛意識最受不了自己的地方——同時也教我如何跟自己和解，接受自己、接受別人。這個念頭啟發了我，想要把自己的學習經驗分享給大家，尤其是對人生正感到迷惘、已經「認命」、覺得一切問題都是自己命與運不好的朋友們。

　　寫這本書的重點不是在 MBTI 的理論與分析，我希
望大家不要執著在「我到底是哪一型」上面。**實際上，我
們每個人都有這 16 個人格類型的特性與潛能**，所以多專
注在那些你覺得對自己有建設性的建議上。期待你可以透
過這本書的協助，找到自己的內在力量，開啟你的蛻變，
好好鬆口氣，做最舒服的自己。

後記：為了讓大家更容易了解每個類型的特性，我用了虛擬人物當作
示意的範例。每個人物的性格都是我自己的詮釋，所以多多少少都帶
了我的投射。大家絕對可以有不同的見解，就像是人生，沒有什麼絕
對的對與錯，我們都可以用自己的詮釋來定義它。

Chapter 1

做最舒服的自己

誰要是看向水之鏡，必先瞧見自己的面貌；
誰要是走向他的自我，必然冒著與自我對峙的危險。
鏡子不懂諂媚，只會忠實反映觀者的模樣，
也就是那張我們藏在面具之下，不曾示人的臉孔。
鏡子得以穿透面具，呈現最真實的面貌。

——《榮格文集》卷九，第一部：原型與集體潛意識

你是否曾在喝醉或壓力大的時候，忽然變了一個樣？例如本來很開朗外向，黃湯下肚後卻忽然開始大哭？或是本來在家族跟公司裡都是最溫順的乖寶寶，某天卻忽然在家族聚會或公司會議上發飆、大吼大叫？

因為跟原本的人設差太多，所以發生之後，大家很喜歡為這種狀態找藉口，認定「你只是喝醉了」、「你最近壓力太大」。這種狀態被當作偶發事件，而非你這個人的真實性格。

但，如果我說，這些不尋常或失控的狀態都是真正的你，你相信嗎？

如果你想做最舒服的自己，就要知道，這些都是你的一部分——只是你不想看到罷了。

如果你要成長，就得先看到自己的全貌，而不是只有你想讓人看到的那一面，並接受你壓抑的部分。

為了人設而活的日子

榮格（Carl Jung）這位分析心理學的開創者曾說，我們每個人都會建立自己的「面具」（*persona*），也就是我們給自己的人設。這個人設可能來自於你的特質，經過別人的誇獎或標籤而定下來；它也可能是你想迎合別人的需求而強迫自己變成的模樣。不論如何，這個面具讓你不能發展完整的自己。

以我來說，我媽媽滿年輕就走入家庭，我猜他離開職場是有些遺憾的。他可能也會羨慕那些事業成功的朋友，我小時候不只一次聽他說「女人一定要有自己的工作」。由於我天生比較外向獨立，他可能在我身上看到了成功職業婦女的特質，所以每當我展現這些特質，就能感受到他跟爸爸的讚賞。因為我天生的個性加上後天的強化作用，我自認長大後應該是個事業很成功的「女強人」。

我國一時對「女強人」就有滿清楚的定義及圖像了：成功、能幹、氣場強、職位高（有很大的辦公室）、很會

賺錢、工作忙碌，而且離婚帶著一個小孩（這到底是哪裡
來的潛意識偏見!?），是個被大家尊敬與需要的人。

　　我很樂意戴上這個面具，從二十出頭進入社會，就希
望別人用「女強人」來形容我。不過，那時還年輕，沒辦
法一步到位，但我的一舉一動都希望塑造那樣的形象。別
人愈是這樣說我，我愈覺得自己就是這樣。也許我曾經有
「浪漫」、「愛玩」、「懶散」跟「有夢幻想法」的那些
面向，但因為不符我的人設，被我不知不覺地收藏起來
了。某天我發現，我討厭粉紅色，對可愛的事物跟不切實
際的話語都很反感。我毫不懷疑自己就是這樣的人。

　　當時我在舊金山已經是廣告界最年輕的媒體企劃主
管，卻在 30 歲時因為工作簽證到期而搬回台灣。由於台
灣的業界生態不同，如果我再投入廣告界，勢必得從頭開
始，但是我怎麼拉得下臉呢!? 我已經是主管了耶！

　　我曾嘗試了兩個不同的工作，都很快辭職了，創業
「好像」成為唯一可走的路。我聽了身邊許多人的分析與
建議，也覺得以我當時的狀況來說，這條路最符合邏輯、

最能維持我的人設。老實說，那時候的我並不想創業，但是我更不想捨棄自己的面具，我想要別人看到 30 歲的我已經非常成功。於是，我做了餐飲顧問、餐飲人力銀行，也開過蛋糕店，卻沒有一個達成預設的目標。

　　失敗的原因當然很多，除了能力不符跟對市場不了解之外，更多還是我創業的背後其實沒有很堅定的信念，我做的所有事情好像只是為了符合我的人設，並非自己真正想做的。

　　當我奮鬥了十年、即將滿四十前，忽然發現好像再怎麼努力，都無法達到自己認為的成功。我認為自己的人生黃金時期好像已經過了，似乎永遠都無法再重建人設。這時候的我痛苦萬分，沒有辦法接受這也是我。我來到了前所未有的低潮。

　　其實現在回想，30 到 40 歲的那些年，心裡都很辛苦。我一直以為那時的辛苦是因為事業發展不如預期，直到現在才了解，**那些內心的苦來自於我無法坦率接受自己、接受人有改變的可能。**

在我低潮的時候，我找了很多不同的算命師，有的算流年、有的看面相、有的卜卦，我連之前堅決不換的名字都改了（不過說實在的，我滿喜歡新的名字。如果我不喜歡，應該怎麼樣都不會改。從這裡可以看出我是選擇性迷信）。我不記得不準的人說了什麼，因為都沒發生；但是我記得幾個「準」的人說過，我的大限不太好或是流年不利，「之後」就會好了。那個「之後」，有人說是一兩年後，有人則說是下一個大限，也就是很久以後。

總之，算完的當下心情會好一些，因為如果是運勢欠佳，就不是自己的問題；如果是小人運，那問題都在別人。這樣一開始會比較舒服，但久而久之就會產生無力感：難道這一切的一切，都是我解決不了的嗎？難道我只能等待嗎？

透過 MBTI 看懂自己

在我耐心等待「好運」來臨的同時，我也持續以自己認為對的方式努力。 當然，有時能帶來一些收穫，在那

十年間，事業順利時，我自認已走出低潮；然而，事業不順時，我又會再度陷入負面情緒的漩渦中。我想到自己年紀愈來愈大，距離心中的理想模樣卻還是好遠，好像永遠都追不上；我也會想到自己投入了多少努力卻沒有回報，或是有多少人都做得比我好。我懷疑，自己的人生是否只有這樣了？自己現在做的事情真的有價值嗎？我是不是要接受人生沒辦法活出我最大的潛力？

　　我就在這樣來來回回之中，過完了我的 30 到 40 歲。

　　之後，我因為家庭的關係進入了教育界。也許因為我發現學歷在教育界很重要，而我受不了別人因為學歷而聽不到我建言的價值，抑或是我其實潛意識想要做一些改變，我萌生了回學校進修的想法。我選擇攻讀組織心理學碩士，我不只希望這個學歷可以增加我在職場上的分量，也想透過組織心理學來看看如何讓其他人聽我的話、照我說的方式去做！

　　然而，教授一開始上課就跟我們說：「**領導者去哪**

裡，**組織就去哪裡。**」領導者要能看到組織的盲點，勢必先看清自己的特質與壓抑的一面，而 MBTI 就是教授提供我們了解自己的其中一項工具。透過對 MBTI 的理解，讓我頓悟，原來我的認知不是所有人的認知，而對於什麼想法和方式才是「對的」，每個人的答案也不盡相同；此外，我遇到的所有情況幾乎都是由我共創出來的。

例如，我常常覺得懷才不遇，容易跟上司或輔導機關起衝突，原來是我一直以來引以為傲的特質「堅持」、「恆毅力」，在不適合的情境下會變成別人眼中的「自以為是」、「一意孤行」；我有時因為注重「效率」而沒有「浪費時間」傾聽別人或分享我的想法，導致別人覺得我任性、不尊重他們，或是根本聽不進建言。

在家庭中，我跟小孩的關係也愈來愈緊張，他們表現不佳讓我常常生氣；但我沒有看到，我對他們最憤怒時，通常也是我對自己最失望的時候。

我透過 MBTI 學到，**原來我們印象中的優點跟缺點，其實都只是一種特質，而每個人對於這種特質的詮釋**

都不同。我也看到，當我沒有辦法接受自己時，我也很難接受其他人。

在碩士學位課程結束後，我持續深入研究 MBTI，也考取了包含它在內的三項心理學相關評量工具的專業證照。我最初的動機是為了更全面地剖析自己，到後來，我也開始運用 MBTI 協助別人看懂他們自己。

完整，不用完美

因為 MBTI，我領悟到要活出最舒服的自己，必須經過三個階段。

第一階段是先了解自己的特質，也就是你的天賦。這是你與生俱來的傾向、比別人更容易上手的區塊，也最可能是你的自信來源。就像我跟很多人相比，我更喜歡也更擅長設定目標跟擬定執行計畫。因此，這慢慢成為我在社會上的人設，或是別人給我貼的標籤。

很多人會再接再厲提升強項，希望自己可以更完美。不過，就像我可以繼續加強執行力，但是我永遠不可能在

執行過程完全不出錯，或成為全世界執行力最強的人。而且你可能會發現，只運用自己擅長的特質，成長會遇到瓶頸。以榮格的說法，你如果沒有完整，怎麼會完美呢？所以**第二階段，更重要的是了解自己的盲點，也就是你不擅長或不願意接受的那些部分，以及你的特質可能碰到的負面詮釋。**

　　如果你現在有很高的社會地位，你可能會想：「我發展得這麼好，為什麼需要做這種事？」但是你想一下，你是否滿意跟家人、朋友、同事之間的關係？因為你若不去面對自己的盲點，可能就會一直把它投射在別人身上，成為一套重複的劇本。

　　這個概念不容易理解，就拿我來做例子吧。當我之前的人設是女強人時，我討厭談感覺，因為感覺包含了難過與受傷，那對我來說是情緒化與脆弱的表現，而且我覺得與其坐著談感覺，還不如多做些有建設性的事情；但前面說過了，其實我有十年左右都覺得自己很受傷、很無助。當我不承認也不容許自己展現那一面時，看到別人顯露難

過或受傷就會無法忍受。我覺得那個人與其流淚，還不如
抓緊時間想辦法站起來。結果，我常常覺得身邊的人都很
脆弱、情緒化。我如果沒有辦法接受自己的這一面，永遠
都會帶著對自己的批判來看待他們。

　　前面也提過，你自以為的優點，其實可能是別人眼中
的缺點。你的靈活機智，在別人眼中可能是不踏實、小聰
明；你的擇善固執，可能是別人眼中的不合群。所以了解
自己特質可能的盲點以及看到自己壓抑的部分，你才會明
白為什麼你會共創一些關係中的動力、為什麼你老是吸引
某些特質的人與類似的狀況，你也才能夠知道有哪些地方
需要注意。

　　**第三階段則是榮格說的個體化過程（individuation），
讓你整合特質跟盲點，也就是所謂的「陰陽調和」了。**只
有這樣，你才能愈來愈完整、愈來愈展現出特色。例如，
ENTJ 傾向的我在 YouTube 頻道想宣導如何將心理學應用
在生活中，我可以運用自身特長，把重點條列呈現，但是
這麼做肯定會碰到瓶頸，因為完全知識性的內容無法跟大

家產生共鳴。如果我想讓更多人理解、發揮更大的影響力，那麼我必須學習理解自己的內在情感，進而同理其他人的感受，這樣才能達成目標。

如果你只專注發展強項，想要登峰造極，那麼你可能在某部分很成功，也有很大的成就感（事業很強、人緣很好等），但你不完整的那一面會讓你心裡有個缺口，也許影響你的關係，也許影響你的感受；最重要的是，它阻礙了你的成長，讓你總是不能脫下面具做最舒服的自己。

脫下面具，才能重生

榮格曾說，「若要澈悟，就不能單靠想像光明的樣貌，而是必須讓意識看到幽暗的那一面」，他也說過「想要達到醒覺，勢必經歷痛苦」，也就是說，脫下面具的過程通常很不舒服。

第一，你可能發現，你竟然也有自己已經討厭了一輩子的特質，而這件事情很難接受，甚至令你感到生氣。

第二，你很難移除你對這個特質的批判。

　　第三，你可能會看到很多人生的挑戰都是自己共創出來的，無法怪罪於外在因素或命運。所以許多人這輩子都不願意去看被自己壓抑的一面，也不願意去跟它和解。

　　以我來說，最符合我的類型是 ENTJ。這個類型擅長運用邏輯創新，做事會目標導向，但弱點是不太看重情緒與自己的價值觀。我在 40 歲以前一直覺得人「應該」就事論事，「不應該」被情緒影響到該做的事情。我常常不太曉得自己的情緒在告訴我什麼，只知道有時心情會莫名地不好、會發脾氣，但那究竟是焦慮、生氣、失望、難過或罪惡感？很多時候我並不清楚，甚至，我有時根本沒覺察到自己有情緒。

　　有一次跟好姊妹一起出遊，明明是媽媽們的放風好時機，我們也吃飯、逛街購物，做了很久沒機會做的事情，但是到了第三天，好友們告訴我：「你好焦慮，讓我們在你旁邊都無法放鬆。」若不是他們這麼說，我自己可是完全沒有察覺。我以為自己是很冷靜、沒有情緒的人，其實我只是看不到自己的情緒。對情緒很有自覺的人可能覺得不可思議，但這真的是我碰到的狀況。

近年來的我，從不願意看到情緒、無法跟自己的情緒連結，到承認自己有脆弱的那一面、了解自己必須好好發展盲點，已經走了好長一段路。儘管如此，對我來說，要找到自己的信念、存在意義跟自身情感的意義，到現在都還是個挑戰。現在的我已經能覺察自己的情緒，但還是常常要花許多時間試圖了解它背後的意義。

例如，我曾經接了一份我覺得非常有意義、我「應該」要做的工作。但在工作的過程中，一直有個不舒服又陌生的感覺。開始學習與情緒連結的我，嘗試理解這感受到底是什麼。

是我不喜歡這份工作？但怎麼會不喜歡？這是我夢寐以求的工作！

也許只是目前工作碰到瓶頸？但什麼工作不會碰到瓶頸？就看到它、接受它就好了！

還是我最近太累？是不是休個假就好了？

我每天都在思索這個情緒的意義，身體與潛意識究竟想要告訴我什麼？有時候真的很煩也很氣，為什麼自己老

是搞不懂，忍不住就會想：「不然就照老方法，設定了目標後就往前衝？管他這個情緒代表什麼意思，不要想就好了，不然這樣實在太沒效率了！」但是我知道，**如果這功課不做完，之後的人生可能會重複出現同樣的問題、同樣的傷痛，像是在漩渦中永遠出不來。**

　　這樣的日子過了約兩個月（我 F 傾向的朋友們都覺得其實更久），我透過冥想以及做教練用的一些工具，耐心地面對自己。終於有一天，我看懂這份情緒了！原來，雖然我認同組織的願景，對於組織發展的方向卻有不同的想法，但是我的理智又不願意放棄這份工作，也害怕一旦放手，就無法符合我預期的圖像，又會影響人設，所以我非常不舒服。不過，當看清楚了，也正向面對這個問題後，忽然身體變輕了，也睡得著了。

　　這，我想，就是戴上面具跟脫下面具的差別。這就是逼自己做「最好的自己」與讓自己做「最舒服的自己」的差別。

Chapter 2

讓 MBTI 幫助你，
而非定義你

我們試著去了解，
為什麼某部分的我們和所有人一樣，
某部分的我們只和某些人相同，
而某部分的我們卻又獨一無二。

——人格心理學家 布萊恩·李托 Brian Little

最令人懼怕的事情，就是完整地接納自己。

——分析心理學開創者 卡爾·榮格 Carl Jung

　　希望大家現在可以看到，為什麼自我覺察這麼重要了。我們可以先從不同角度來開始自我覺察，例如從行為模式觀察自己為什麼老是拖延，或是從關係來思考自己為什麼老是被小人陷害。當然還有很多其他的自我覺察方式，例如寫日記、詢問別人的回饋等。不過，寫日記常常難以跳脫你的自我認知，別人的回饋也可能帶著他們的價值觀跟投射。雖然市面上有很多不錯的性格評量可以讓你多了解自己，但是我最常用來幫助人的就是 MBTI 了。

　　MBTI 的全名是「邁爾斯—布里格斯人格類型分類指標」（Myers-Briggs Type Indicator），它是由凱瑟琳‧布里格斯（Katharine C. Briggs）跟他的女兒伊莎貝爾‧邁爾斯（Isabel B. Myers）運用榮格的理論而設計出來的自我評估問卷，能讓人了解榮格理論所探討的心智功能（cognitive functions），並運用在生活中。

　　榮格推斷人的不同，來自於兩種不同的心智活動：一種是「認知」，就是如何接收資訊；另一種是「判斷」，就是如何做決定。這些再加上人們的「態度」（也就是如

何面對外界）與「執行決定的方式」，便形成了四種不同的衡量向度。每個向度都是一個光譜，榮格相信每個人都會運用不同的態度、認知、判斷和執行方式，但是會自然偏重其中幾種，就像我們兩隻手都會使用，但天生還是有偏好的慣用手一樣。

　　MBTI 便是運用四組二分法的方式來評估一個人的傾向，形成了 16 個基礎人格類型。透過這樣的學習，我們更能了解每個人有可能不同，但要注意的是，我們每個人並非只是 4 個字母這麼簡單，MBTI 更探討 4 個字母之間的互動，以及不同組合會產生的動力。不過，因為初學者從 4 個字母就可以了解榮格理論的基礎，所以 MBTI 是我覺得最容易上手的人格類型評量。

開始前，必須知道的事

　　MBTI 授證師解說評量結果時，都會說「××××是最符合你的類型（best fit type）」，或「你是 ××××傾向（preference）」，而不會說「你是 ×××× 型」，因

為 MBTI 的 4 個向度都是光譜，沒有人絕對百分之百是哪
一種類型。也就是說，即使你的分數比較偏向某一邊，你
仍然擁有另一邊的特質；而就算是同一類型的人，也不會
完全一樣。

　　雖然我能理解，每個 MBTI 授證師都可能有自己對
於這個工具的詮釋，但我看到有人用這個工具來協助他人
選擇主修科系、找工作，或是做人事調度，我不太贊同這
種運用，也希望透過這本書更清楚地解釋我的想法。

　　我分享 MBTI 並不是要你給自己貼標籤，認定「我
是這個型，所以我這部分很強，我得跟什麼樣的人交往才
互補，我應該做什麼樣的工作……」；反之，我希望你能
去除標籤。

　　對我來說，MBTI 是個自我探索的工具，它讓我理
解，為什麼我會有一些自己都無法解釋的行為與狀況；它
也讓我了解，原來世界上的人有這麼多不同的想法，而每
種思考邏輯各有適合的地方跟盲點。我們每個人都具備這
些思考方式，差別只在於是否擅長使用。如果我們多學習

不同類型的思考方式，漸漸就能根據不同狀況，使用最適合的心智功能。此外，我不需要知道別人的類型才能跟他溝通，我只要知道「世界上有很多不同類型，我不一定是對的，我可以多傾聽、多了解再下定論」，這樣就好了。

另外，請一定要理解，當 MBTI 說你「比較擅長」某個心智功能時，指的是你跟自己比較，而不是你跟別人比較。例如，相對於情感溝通，你可能更擅長邏輯分析，但這並不代表你的邏輯分析一定很強，你還是需要靠後天的開發與練習來增進這項能力。所以，請千萬不要看到網路上說最符合你的類型適合做老闆，就覺得自己是老闆命喔！

記得金庸小說《倚天屠龍記》中張三豐教張無忌武功的橋段嗎？張三豐使完招數，問張無忌是否記得，張無忌說還沒忘光，於是張三豐認為他還沒練成。一直等到張無忌全部忘光時，張三豐才說：「好了，你準備好了！」

這就是我希望大家看完這本書可以做到的。透過 MBTI，你可以看到自己最擅長的思維、做事方式、最需

要加強以及不願意面對的那一面，還有你在壓力下可能遇到的狀況；它也可以讓你知道所屬群體的團體性格、每個人給愛跟接受愛的方式等。

　　例如我是 ENTJ 傾向，我先生是 INTP 傾向，我們高中畢業時就在一起了。 因為年輕，當時的我們非常不成熟。對於 TJ 傾向的我來說，為愛的人服務就是我愛人的方式。因為他住在亞洲人少的城市，所以我會帶著他喜歡的中式料理坐飛機過去找他。那時候還是學生，要在紐約換公車、換地鐵好多次才能到機場，但是做這些事我甘之如飴。相對地，TP 傾向的他對於我剛到美國想要嘗試的事情都抱著開放的心態。不去約束我、給我實際的回饋，是他愛我的方式。

　　後來我們的問題出在約定的執行上，如果我們約好幾點要打電話（對，那時候我們沒有手機，要坐在宿舍等電話！），而我臨時放他鴿子，只要理由正當（為了念書、等電腦，或是因為室友在用電話），他都能接受。不過這種事很少發生，因為只要約好，我一定排除萬難準時坐在電話前。但他卻不是，因為他要寫程式，常常一寫就忘記

時間，我們因此吵得不可開交，所以曾經選擇了分手。

　　現在我們都了解對方的底線。除非是重要事件，否則我不會約束他的時間，也不會辛苦自己去做一些我認為他需要的事情，再覺得自己為愛犧牲。他現在也知道，如果我需要他幫忙做事情，他不要自己詮釋如何做會更好，只要協助我在既定的時間內完成就行。我們的互相理解是經過了 30 年的磨合，MBTI 只是讓我更了解他為什麼會這樣，但是沒有 MBTI，30 年的相處也能讓我們找到一個更適合的模式。

　　請記得，我們每個人在不同人的面前會有不同的表現，不同類型的人搭配起來，或是在不同的情境脈絡之下，行為表現也會不一樣。例如我跟先生在一起時，可能做事情只看幾個重要期限，也不會太執著於特定的做法。但是如果我跟許多 TJ 在一起，可能就會把時間分得很細，或是詳盡說明我的做法。

　　所以我再次強調，MBTI 是個了解人性的入門工具，但是等你都懂了，我希望你忘了這些分類，做最舒服的自

己，也讓別人卸下盔甲，用他最舒服的一面跟你相處。就算別人因為過往經驗堅決不卸下盔甲，你也比較不會被惹怒或受傷。如果大家都能這麼做，也許多元共融可以不再只是個口號了。

以下幾點，是在使用 MBTI 之前，請你務必記得的。

1、你的存在是世界的禮物

在我的頻道中，最多人留言跟我辯論的問題，大概就是這個了：「我這麼廢，怎麼可能是世界的禮物？」但請想想，世界這麼大，兩個人能相遇、在一起，還可以懷孕生下你（就我所知，懷孕沒有想像中容易，也有不少人為了懷孕而苦惱），這個機率有多高？如果你數學好，可以算一下。所以，光是你的存在就是一個奇蹟。

你的身體架構無比複雜，卻不需要用任何意識就可以讓身體自己呼吸；你的生命力如此地強，所以我相信你是這個世界的禮物。

既然你是禮物，那麼請想一下你帶給這個世界的貢獻是什麼？

　　這個世界需要各種不同類型的人。我們不需要所有人都很實際，不然我們的生活會缺乏變化，也不會有創新；我們也不需要每個人都是領導者，否則團體裡的每個人都想要扛責任做決定，卻沒有人願意服從和執行，這個團體也無法運作。這就是天生我材必有所用的道理。

　　不要讓別人否定你特質的價值。這個世界需要你，如果你還看不到自己的價值，也許是因為沒有找到適合的舞台。所以在自評時，請拋下你已經吸收的社會價值觀，坦承面對自己。唯有找到自己，你才能發揮潛能，進入心流狀態、貢獻所長，也才能真的認可自己的價值！

2、你不是非黑即白

　　你做正式評量時在每個向度的分數，只代表你有這樣的「傾向」，而不是說你就是這樣的人。MBTI 的好處是概念易懂，但這也是大家容易誤解的地方。就拿「外向與內向」的光譜來說好了，我最常聽到的問題是：「有些人有時很喜歡跟人互動，有時又想獨處，你怎麼能斷定他們是外向或內向的？」

　　第一，MBTI 對外向、內向的定義跟大家想的有些不同。第二，我們的傾向會有程度的差異，就像在光譜上，不是非黑即白。

　　當然，如果透過 MBTI 官方的 Step II 評量，你可以更詳細看到自己每種特質的傾向（例如我的一個朋友在「外向」與「內向」的整體向度上，分數是內向傾向，但是他在更細的五個子維度中，「主動提出」與「被動接受」的分數則是非常外向傾向的），但是我們往往不需要看得這麼細，就可以初步了解自己了。

　　第三，其實我們每個人都有不同的心智功能，只是我們傾向用哪幾種而已。就像每個人都有自己習慣的套頭毛衣穿法，有的人先穿袖子、有的人先套過頭，但是我們隨時都可以因為衣服的設計不同而改變穿法。所以你要想像每個人心中都有 16 個房間，分別代表 16 種人格類型。**最符合你的人格類型只是你最喜歡的那個房間，但不代表你永遠只能待在那裡。**

　　最後，除了最符合你的人格類型之外，一定還有其他類型跟你有相似的地方，例如 INFP 的某些部分會跟

ENFP 雷同，有些部分則跟 ISFP 或 INFJ 相似。所以，如果你覺得每個類型都跟自己有點像，那很正常，因為你跟每個人都會有些共通點啊！

3、人格類型沒有好壞優劣

　　我舉辦 MBTI 工作坊時，總會詢問大家有什麼期待與擔憂，幾乎每一次都至少有一個人提到「我怕做出來的結果顯示我是個惡魔／變態／笨蛋……」。大家擔心自己會赤裸裸地被別人看到、會受到批判，或是被看到心裡最黑暗的那一面。

　　我想強調，每個人格類型都有被社會需要的地方；另外，每個類型也都有發展好的版本跟發展不好的版本。所以首先，不可能因為有人知道你的 MBTI 結果就看透你的人生；再來，也沒有哪個類型比其他類型更強或更好。

　　市面上有些以 MBTI 為名的網站會用一個名稱來稱呼某個類型，我了解這是為了讓大家更容易記得各類型的核心，但是我覺得這些標籤有點危險，因為它們本身帶著

一些社會上的價值。所以，千萬不要因為這些標籤而自卑難過或沾沾自喜。就像我以前學的紫微斗數，雖然紫微星被比喻成皇帝星，但並不是每個「紫微」坐命的人都是皇帝或老闆好嗎？

4、相同行為不等於相同類型

不同類型的人都可能是完美主義者，但他們的出發點不見得一樣。有的人擔心辜負別人的期待，有的人不喜歡事情不在掌控之內；相反地，同類型的人也可能呈現完全不同的表象。

千萬不要只看一個人幾眼就說：「你一點都不像這個型。」他的行為可能是性格所引起，也可能是他跟別人的互動所引起，或者，那代表著他正在龐大壓力下的狀態。因為你不是他，所以你永遠無法確認真正的原因。每個人是什麼樣的人只有自己最清楚，所以與其去認定別人的類型，我建議你先確認自己的就好了！

5、接受自己不是為所欲為

　　「接受自己」跟「為所欲為」的界限其實非常難說清楚，這也是我最常碰到的問題。我幫助一些組織處理因為潛意識偏見而出現的攻擊時，攻擊者很常跟我說：「我就是這種人，我難道不能做自己？」好像覺得自己就是這樣，其他人應該接受。

　　我們用一個想像的情境來說明好了：我的小孩是青少年，如果我在他們朋友面前大談我有多愛 BTS，並開始跳 BTS 的舞，雖然我不尷尬，覺得這是自我接納，但這樣的行為肯定會造成我小孩很大的困擾，也許還會影響他們在學校的社交。當然，我可以繼續在他們面前「做自己」，但我的小孩恐怕以後再也不願意帶朋友來跟我見面了。

　　所以「接受自己」跟「為所欲為」在於人與人之間的界線，而這是你自己要拿捏的。

　　在前面的假想情境中，我可以接受我有追星的那一面，一點都不需要為這件事感到羞愧，但是我也不需要不

管別人的想法，每一分、每一秒都展現所有面向給大家
看。所以，也許我不需要跟小孩的朋友談這個話題，但是
如果在我沒有影響其他人的狀況下，他們告訴我：「你這
個年紀還追星，真丟臉，你再這樣下去（在家自己追
星），我們就不跟你說話。」那就是他們用自己的價值觀
將我鎖住，不讓我做自己。在「做自己」跟「為所欲為」
之間，我們要找到自己的界限。

6、避免自證預言

　　雖然說這種話很不好意思，但我真的是科技白癡，我
的手機上大約 50% 的功能都不會用。舉例來說，大家這
幾年都已經很了解如何聲控手機了，但我過了很久才發現
我無法聲控是因為我的手機設定是中文版，而我每次都跟
它說英文。每當說起這件事，我全家（從老公到才十歲的
兒子）都覺得不可思議！

　　因為自己沒有學會怎麼操作這支手機，我覺得它不好
用，但其實是我自己沒有好好研究使用說明書。

　　知道自己的特質，並不是讓你用來合理化自己的行為，而是要你打開自己的使用說明書，好好了解「你」這個產品如何使用。請避免類似下面的想法：

　　「因為我是 ×××× 型，雪力說比較不被社會接受，所以我才會每個工作都做不久……。」

　　「因為我是 ×××× 型，事業心比較強，網路上說比較難經營親密關係，所以交往都走不久……。」

　　你要知道什麼時候可以用什麼功能，什麼時候亂用會故障，又有什麼地方需要特別注意、需要升級。不然你可能像我一樣，一直以為自己手機的聲控功能壞掉，其實只是自己沒有設定好而已。

　　還有一點也請記得：**請用 MBTI 來剖析現狀，而不是預測未來；未來是你自己可以創造的！**

雪力的 MBTI 悖論

要推廣這本書，最好的方式就是讓大家可以做官方的 MBTI 評量，了解自己的性格，這樣也更容易繼續看下去。這也是我的希望，那為什麼沒給呢？

我其實不太喜歡跟大家提到可以去哪裡做評量。雖然市面上有很多種免費的評量，有些還有點準確度，但有些真的瞎到爆。若要做一個經過大數據確認信度（relia-bility）與效度（validity）的 MBTI 評量，據我所知，必須透過我正式受過認證的 Myers-Briggs 公司。

這間公司的制度是：經過密集訓練的人才能成為講師，而評量只能由講師來管理。這是因為這個評量必須在正確的心態下做才會準確，並獲得幫助。如果沒有授證師的引導，不只容易做錯，更可能誤導自己和他人。因此，正式的評量需要前置說明，評量結果也必須由授證師做解釋，準確度才高，做評量的人也才可以充分運用這份報告來了解自己，並應用在生活上。

　　問題是，這個專業評量並不便宜。我曾跟公司反應，市面上有這麼多免費評量，我們是不是能提供比較親民價位的版本？但答案都是否定的。

　　一份歷經多次改版與多人辛苦鑽研、改良的評量工具，尤其又具有信效度的堅持，還必須有授證師在旁指導，這樣的評量怎麼可能說簡化就簡化得了？尤其是現在看到這麼多人對 MBTI 抱持誤解，我更能理解公司的考量。但是這就形成了雪力的 MBTI 悖論（Sherry's MBTI Paradox）：我希望推廣 MBTI 的理論，也曾經提到真的要準確評量，最好透過官方管道，但之前當人們問我能否提供官方管道時，我就說我有提供這樣的服務，但我錄這些影片的本意，並不是要推廣我提供的 MBTI 服務。

　　那為什麼還要推廣 MBTI ？因為我認為它的基本概念簡單易懂，所以也能最快帶來幫助。我開設頻道是希望幫助人，把我在最低潮時學到的人生道理分享給大家，而 MBTI 只是其中一個工具，我並不是為了賺大家跟我買評量的錢才做這件事（請不要誤解，我不是不愛賺錢，但針

對這件事情，這不是我的目的）。

　　然而，也因為 MBTI 乍看簡單易懂，加上市面上有太多免費、沒有經過信度與效度確認的版本，使它受到愈來愈多誤解。因此，有人誤以為這個評量是一個非科學的娛樂，而幾乎我的每支影片下面都會有些「心理學家都不認可 MBTI」、「憑什麼用四個字母就告訴我我是誰」的留言。

　　現在出書又碰到了同樣的問題。如果不花錢，大家怎麼準確知道哪個類型最符合自己？雖然我在書中提供了一些基本的方向做為引導，但我還是要再提醒，如果想要精準的結果，請務必透過官方的管道或專業授證師。

　　我再次強調，我的期待是幫助大家自我覺察，找到內在的力量，活出最舒服的自己，尤其是幫助現在在人生低潮或卡住的人能夠走出來。所以，無法提供既準確又免費

MBTI 官網
https://tw.themyersbriggs.com/

的評量給大家，我很抱歉，但是我希望給大家的禮物是更有價值的，那就是透過這本書，體會到為什麼你是這個世界的禮物。

這些迷思，你也中了嗎？

網路上可以看到 MBTI 有些爭議，其中大部分是出於不了解，另也有針對信度與效度的質疑。因為這不是本書的主題，所以這裡只略做說明。

首先，榮格有認可這個評量嗎？布里格斯母女倆曾寫信跟榮格分享他們的研究，榮格也很友善地回應。不過，目前對於那封信是榮格還是他祕書代寫的，仍有些爭議。

再來，這是不是偽科學？ MBTI 的官方網站有提供這方面的研究報告與數據，歡迎大家查詢。

不少人認為 MBTI 是偽科學，常常是出於對這個評量的誤解，例如：「它的心智功能只有二分法，人怎麼可能這樣分？」、「怎麼可能只有 16 種人格類型？」其實對我來說，研究 MBTI 的目的並不是要研究它的信度與效

度。身為一個顧問／教練，對我更重要的是，這個評量能否協助組織的溝通？能否協助個人成長？以我的經驗來說，答案都是肯定的。

迷思① 人怎麼可能這麼簡單？

沒錯！人不可能只有 16 種，或是星座的 12 種，但人還是有很多共同點。就像花朵的種子，即使是同一個品種，每顆種子還是可能因為種植的土壤、氣候、照顧方式不同，之後長出的花朵也有不同的色澤、大小和開花時機。所以就算某兩個人都是同一個人格類型，也可能因為環境、教養、天資、領悟力和努力的不同而形成差異，一個透過整合自己的特質成為傳奇人物，一個則因為自暴自棄而一事無成。

迷思② 我的型會任意改變？

如果你是向日葵，你可以成為鮮豔茁壯的向日葵。你可能靠著努力，成為四季都可以開花或是綻放很久的向日葵；但是你不會成為玫瑰，你也不應該想著如何將自己活

成一朵玫瑰。

　　每一個類型都有自己更傾向的思考模式，也有因為不常使用而不太擅長的思考模式。就拿我來說吧，我真的不太擅長面對感情，我做任何事情都會先想到這件事情符不符合邏輯、在社會上的價值是什麼。

　　我知道很多時候我的不快樂來自於不知道心裡的感受是什麼，雖然經過了多年練習，現在我懂得提醒自己，自問做某一件事情的感受，也開始注意別人的情緒，但這不是我的本能，而是我有意識訓練出來的。我也許會愈來愈厲害，但還是可能比不過天生就傾向這個思考模式的人。不過，若要不帶情感地分析問題，或是需要整合資源，這些便是我的強項，做這些事情也能讓我更好地走入心流狀態。

　　我女兒的偶像是 BTS 的田柾國（好啦，也是我的偶像），有一次他在直播中說，想要成為 INTP，但是不管怎麼評量都還是 ISFP，所以就接受了自己是 ISFP 的這件事情。

在我的頻道上常常看到類似的留言，尤其是很多人想要成為社會主流價值觀比較認同的 ESTJ。你當然永遠可以改變行為，也可以戴上不同的面具，讓別人誤解你是什麼型，但那不會是最舒服的自己。

想要改當另一個型，就像是要我永遠穿著塑身褲一樣，穿久了會肚子痛、皮膚也都是勒痕。偶爾為了出席活動還可以，但是長久穿下去應該會生病吧。

迷思③ 憑什麼用四個字母來判定我的能力？

沒錯！憑什麼！！！MBTI 評量的是你的心智功能，並不能評量你的能力。即使是同樣的人格類型，有的人可能智商 90，有的人可能智商 145；有的人可能相當努力也累積了豐富的經驗，有的人則早期遇到挫折而耍廢多年。所以官方網站上特別強調，MBTI 絕對不適合拿來選才！只不過有些公司可能沒有按照原本的用途正確使用這個工具，導致大家對這個評量產生誤解。

進行 MBTI 評量時，特別要注意：

1. **需要有專業授證師的帶領**：因為如果沒有正確的心態跟對理論的基本了解，做出來可能不準。

2. **不適合在經歷過重大事故後評量**：人如果剛經歷了重大事故，例如生離死別、搬家、換工作、結婚、離婚等，都可能受到衝擊。這時候的評量結果很可能不是你的本性。

3. **最好 16 歲以上再做**：小孩子的心智功能還在發展中，所以我建議在他們定型前先不要讓他們做評量。我擔心萬一父母在網路上看到不專業的解釋，產生巴納姆效應（Barnum effect，指人會選擇性挑選自己認同的事情來相信），認定「這個說的就是我小孩」而給小孩貼標籤，造成自證預言，像是：「你看我當初就說他不會念書，現在真的考不好了吧！」

Chapter 3

MBTI 四個向度——
一切從這裡開始

你即將進入 MBTI 的世界，
探索時，請不要想像自己正扮演著什麼角色，
或是在什麼社會情境之中。
請記得，你在不同場合的行為，會因為要符合社會的
要求而改變，
但那不見得是最真實的自己。
所以，請想像自己在一座沒有人的山上，
只想過著最舒服的狀態，
而無論如何你都被這個世界接受與關愛。
那時的你，會是什麼樣子？

從哪裡獲得能量？

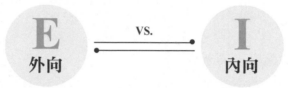

Extraversion

專注向外，
傾向從外界獲得能量

Introversion

專注於內，
傾向從內在獲得能量

檢視你專注的點在哪裡？從哪裡可以獲得能量？

　　我們每個人都同時活在兩個世界裡，一個是你與外在互動的世界，也是我們所稱的「社會」；另一個是你的內在世界，也是你可以常常有 O.S. 的地方。

　　你的專注力傾向對外還是對內？哪個情況比較能讓你獲得能量？是跟外界互動時，或是獨處、專心待在內在世界的時候呢？

　　請注意，MBTI 的「外向」與「內向」跟日常口語的意思不太一樣。一般認為，外向的人不怕生，天生很會跟人互動、能言善道等；而內向的人就是話比較少，看到人會害羞、不太擅長說話。

　　然而，MBTI 的外向（E）跟內向（I）是在講人的態度、專注的點，以及可以獲得能量的來源。也許 E 傾向的人比較專注在外，可能因為放更多精神在那裡，所以從小更願意跟人互動，長久的練習也讓他們長大後看似在這方面更為擅長；相對地，I 傾向的人更專注於內在世界，有

時就算處在很多人的環境裡，也能像自帶小包廂一樣待在自己的小天地裡。但可能因為比較少練習跟外界互動，所以變得不太擅長。然而，如果我們說 E 傾向的人一定比較會社交、I 傾向的人一定不善與人互動，這就流於刻板印象了。

E 也會想獨處，I 也會愛說話

雖然 E 傾向的人在對話中可以邊講邊想，可能看起來反應更快，而 I 傾向的人則比較希望聽完別人的想法、想完自己要講的內容，再正式發言，但是你千萬不要誤以為 I 傾向的人都不愛說話。我常常看到 I 傾向的人話匣子一打開就說個不停，就算你使眼色暗示他停止，他還是一直說。這可能是因為他的內在世界覺得現在是溝通的時候，也可能因為他專注於內在，沒有看到別人已經聽不下去了。

同樣地，不要覺得 E 傾向的人每天都想往外跑。他們常常因為太在意社會的眼光跟期待，在外面一直戴著面

具，因而有些疲憊，這時他們比任何人都更想要獨處、卸
下面具。

　　就以我來說吧，我有點人來瘋，跟外界互動時會忽然
變得比較有能量，因此不管是自評或是 MBTI 評量的結
果，我都屬於 E 傾向的人。

　　對外在社會而言，我常常扮演「媽媽／創業者」這兩
個最明顯的角色，可能使得大家期待我的行為舉止符合社
會的人設。但實際上我也很喜歡獨處，也需要有一個人的
時間來充電。當我接納了全部的自己之後，我就能接受自
己暫時卸下「媽媽／創業者」的身分，單純當個也愛偶像
的小姐。

　　你呢？你覺得自己是外向比較多，或內向比較多呢？

如何接收資訊？

Sensing

仰賴感官獲得的資訊；
關注細節

i**N**tuition

仰賴來自推理跟直覺的資訊；
關注大局

認知　你從哪裡獲得資訊？哪種資訊比較能夠理解、信任？

S是實感，S傾向的人比較喜歡透過感官來獲取資訊。他們喜歡看得到、摸得到、聽得到、聞得到、嚐得到的事物，也因此，他們比較相信來自感官的資訊。他們看事情會比較關注細節，也比較信賴親身經歷的體驗。S傾向的人通常就是社會上所謂的「實際」的人，他們比較難消化「摸不著邊際」的事情。

N是直覺，N傾向的人比較喜歡觀察大局跟趨勢。他們一點一滴吸收了各種外在環境的線索，再把這些線索連在一起，變成一個他們理解的圖像。不過，這個圖像只存在於他們的腦袋裡，也許自己清楚不過，別人卻看不到。因為這種特質，他們也比較能接受沒有實際證據的理論，只要這個論述的解釋夠清楚。N傾向的人通常就是人們口中的「夢想家」，因為他們可以接受各種未來的可能性。

我們一般認為「直覺」是指第六感（gut feeling），好像跟人的體質有關，但其實這個「第六感」可以詮釋為

我們潛意識所吸收的資訊。要知道，人腦每秒可以接收
1,100 萬位元的資訊，但我們的意識每秒只能接收 40 到
50 位元的資訊，剩下的則會進入潛意識。從這個角度來
看，S 傾向比較信賴進入意識的那些資訊，而 N 傾向比較
信賴用潛意識資訊拼湊出來的圖像。

　　以我開蛋糕店的經歷為例，「大家說我適合開、應該
開」、「85 度 C 竄紅」等是我意識接收到的資訊；而我
在簽約路上聽到「不要做」的聲音，那可能是潛意識根據
我的個性、感受等，化成「直覺」傳達給我的訊息。

　　若是 S 傾向，比較可能採納前者；若是 N 傾向，則
比較會採納後者。那我明明是 N 傾向，為什麼卻沒有聽
從直覺呢？因為經過了社會化之後，我當時覺得這麼做很
不理智。

S 關注小細節，N 重視大圖像

　　S 傾向與 N 傾向主要的區別在哪裡？
　　舉例來說，當你請 S 傾向的人描述一間房子，他可

能會告訴你這間房子有幾房幾廳、地點在哪、房間如何擺設等；N 傾向的人則可能多說一些這間房子有什麼潛力，以後房價日後的漲跌等。

　　我去做組織顧問時，都會開玩笑說，重要會議可能需要請一個 S 傾向跟一個 N 傾向的人來做記錄，因為 S 傾向的人可能比較像寫逐字稿，誰說了什麼都可以記下來，而 N 傾向的人則不太記錄細節，比較會記下結論。這個說明可能誇張了，但可以顯示這兩個傾向的區別。

　　若要記住一件事情，S 傾向的人可能記得更正確的細節，但比較容易忘記這件事的緣由和重點、結論；而 N 傾向的人雖然記得結論，但那有可能是他個人從中獲得的領悟，如果他的歷練不夠，也可能會變成錯誤詮釋之下的產物。

　　請想想看，你比較接近哪個傾向呢？

如何做決定？

Thinking

退後一步，用邏輯理性思考

Feeling

投入其中，體會情感與感受

決策 你如何做決定？內心評斷「對」的標準為何？

T 是思考，T 傾向的人比較擅長用邏輯做決定，通常也覺得這樣做才對。他們傾向讓自己跳脫情境，再做出「合理」的決定，也比較不考量這個決定可能帶給自己或別人的感受。他們可能認為，如果每個人都感情用事，世上哪裡會有公平、公正？每個人都做自己想做的就好了！

F 是情感，F 傾向的人比較習慣從情感面、同理心來做決定。他們比較知道自己的感受，也比較善於透過換位思考來理解別人的感覺。因此，他們做決定時會想更深入了解相關人物的感受，通常也會把人性放在邏輯前面，因為「一樣米養百樣人」，人又不是機器，怎麼可能用一套系統套用在所有人身上？「情、理、法」相比，當然是「情」大於一切！

實際上，T 傾向的人不是沒有情感，F 傾向的人也不是沒有邏輯。我覺得最受刻板印象影響的心智功能就是這個了。以 MBTI 官方統計來說，較多男性是 T 傾向，較

多女性是 F 傾向，所以這個功能常常也跟社會的性別刻板印象（stereotype）掛勾在一起，加深了誤會。

T 不是冷血，F 也不是愛哭

很多時候，T 傾向的人根本不知道自己的決定可能傷到人，因為他們認為別人也用同樣的邏輯做判斷，或者，因為他們也很少考量自己的感受，所以也比較難同理。此外，T 傾向的人認為做的決定必須要公平，不能因為人的關係而改變，因而可能覺得「該做的事還是得做」。

我們社會常常要求男人呈現 T 傾向，要堅強、不要有情緒，但其實這只是要求他們壓抑情緒、不要表現出來，但不代表他們沒有情緒。實際上，T 傾向的人為了顧全大局或追求合理，也可能犧牲自己，所以不要再說他們冷血了！

對於 F 傾向，尤其在父權社會中，有時帶有一些貶低的意思，像是我們說「感情用事」，好像比較是形容女性的專用詞，也帶著負面意涵。但 F 傾向的人並非老是在

哭、常常歇斯底里，我覺得這些都是過於簡化 F 傾向的刻板印象。

　　實際上，F 傾向的人重視每個人的個體性，也追求公平。他們認為人並非機器，每個人的起跑點與狀況不一樣，不能都一視同仁，如果所有的事情都系統化、沒有特例，那對於天生資源較少的人，這如何算是公平？ F 傾向的人並非沒有邏輯，只是更能善用同理心，做決定時會優先將人性與情感列入考量。

　　你覺得自己做決定時，T 傾向還是 F 傾向比較多呢？

做決定後，如何執行？

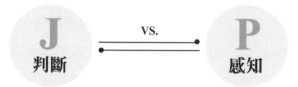

J 判斷 — VS. — P 感知

Judging

擅長規劃，有條有理，
按表操課

Perceiving

善於臨機應變
執行有彈性

執行 做了決定之後，你會用什麼方式執行？

J 是判斷，J 傾向的人比較喜歡有條理的執行方式。對他們來說，效率很重要，而人生就是不斷地下判斷、做決定，再往前行。從每天早上起床要不要多睡 5 分鐘、穿什麼出門，到是否結婚、要不要生小孩，他們通常都會想辦法控制外在環境，依照他們的規劃來做事情。

他們透過對外在的控制來達到內心的自由，因為如果能知道幾點幾分會發生什麼事情，就不會有突發狀況讓自己措手不及，這樣一來也比較不會因為未知而感到焦慮。

P 是感知，P 傾向的人比較喜歡靈活、有彈性的生活。對他們來說，過程與體驗是重要的，他們的內在抓緊了這個信念，渴望外在的自由。

P 傾向的人不喜歡被約束，因為他們每分每秒都在感知各種訊息，如果一切都規劃得很詳細，他們可能被迫放棄一些體驗人生的機會，做事情也不能隨機應變。對他們來說，人生就像遠征冒險，「將在外，君命有所不受」，

不可能預先寫死各種情況。

　　如果你做事傾向事先規劃執行的步驟與細節，那你比較可能是 J 傾向；如果你喜歡更自由靈活一些的生活，也常常在截止時間快到之前才開始做事，那你比較可能是 P 傾向。

J 不等同「成功」，P 也有獨特優勢

　　我常常收到的留言和問題都是「我好想變成 J」或「J 的人是不是比較成功」，這是因為人是群體生活的動物，在演化的過程需要設定界線跟規章，才能確保相處時相安無事，所以我們的社會較看重規範，也賦予了「善於規劃」這件事更高的價值。

　　但其實現在的社會愈來愈多變，就像新冠肺炎或虛擬貨幣，這些都是我們在十幾二十年前完全無法想像的事情。這時候 P 傾向就占上風了，因為不管有沒有事先規劃，人生總有無法控制的突發狀況，必須見機行事。

　　所以，也許過去社會比較看重 J 傾向，但未來可能就

是 P 傾向愈來愈能發揮的世界了。

　　但不論如何，請記得，不管世界怎麼改變，兩種傾向的人都是世界所需要的。

開始組合真正的你

了解了你在每個向度的傾向後，就可以把這 4 個字母拼起來，那就是**最符合你的人格類型**（best fit type）。如果有一個向度你實在難以確定，例如一半時間是用實感獲取資訊，一半時間又是用直覺，你可以同時參考這兩個人格類型的內容（例如 ISFP vs. INFP）。

還有一點很重要：雖然一個人的人格類型不會改變，但人的行為可以改變，就像我們會根據外在環境調整說話方式，不太可能用同樣的口吻對待父母、老闆和好朋友。

此外，我們也能透過反思來開發自己不擅長的一面，讓自己成長、變得更成熟，所以很可能你在某些時候像這個型、在其他時候又像那個型，這很正常，因為我們在社會化的過程中，會學習到最適合的生存方式。

不過，**通常會有一個類型，讓你覺得在最舒適、最自在的狀態下跟自己最為相像，那個應該就是最符合你的類型。**

　　但我希望你不要自我侷限，再次強調，我們每個功能都會使用，差別只在於傾向的多或少，如果你覺得我給每個型的建議都適用，那就不要執著在哪個類型最符合你了。

從外在的優勢說起

　　16 個人格類型有許多種分類方式，有些是從可能的行為來分類，有些是從認知與做決定的方式來分類，而我這次選擇用每個類型最擅長的心智功能來分類。

　　為什麼這樣分呢？因為每種類型都有最擅長的功能，就好比每個品牌的手機都有其獨特性與優勢，（相對地，也會各有一些限制）。有些聲控功能強，有些照相錄影效果專業，也有些最適合寫筆記、辦公。就如同人格類型的八大功能，功能相同，但是內容可能很不一樣。同樣是錄影照相，有的人是為了儲存家庭回憶，有的人是為了記錄筆記；同樣是聲控蒐集資訊，有的人用來規劃旅行，有些人用來探索知識。

　　既然我寫這本書的主旨是希望大家能多多了解自己，

那我們就先從外在的功能與限制說起。你也許會發現，你以為跟自己完全不一樣類型的人，其實竟然跟你具有相同的配備！

四種心智功能

主導功能（第一功能）是你天生最擅長的心智功能，也是你的自信心來源。通常人在青少年時期就會很了解自己擅長運用什麼功能、自己的基本配備是什麼。但主導功能只是一個大方向，每個人的性格發展必須搭配他的輔導功能（第二功能）。**輔導功能可以平衡主導功能，如果你的主導功能是外向傾向，那麼你的輔導功能一定是內向傾向，反之亦然。**

主導功能與輔導功能可以讓我們對於內在和外在的世界都找到合適舒服的應對方式。如同剛剛提的，有些手機的最強功能是錄影照相，但有的人是用它來記錄與親人的回憶，有的人則是拿它來拍會議記錄。因此，主導功能和輔導功能相加，就成為這個人的基本個性。

第三功能是我們不太會使用的功能，通常要到中年以後，已經有很多人生歷練了才會學習好好運用。**第四功能則是我們的影子（shadow）、我們的潛意識，也是我們不擅長、不重視、也不太願意使用的功能**，但是它對我們格外重要，只有看到它、接受它，我們才能變成更完整、更舒服的自己。

我滿喜歡美國有個研究 MBTI 的 Podcast「人格駭客」（Personality Hacker，暫譯）對這四個功能的詮釋，他們將第一功能到第四功能比喻成車子裡的 4 個人，並將這樣的比喻稱作「汽車模式」（car model）。

第一功能如同主駕駛，負責開車。第二功能如同副駕駛，負責導航，副駕駛也會開車，當駕駛累了，他隨時可以遞補上位。

第三功能如同坐在後座的 10 歲孩童，他已經不是幼兒了，但還不夠成熟。最後，第四功能如同汽座上的 3 歲小孩。3 歲正是不太能夠講理的年紀，不過他通常都在睡覺，但如果醒來，覺得不舒服、不開心，開始又哭又鬧，

整趟車程就會痛苦不已，造成車上的人莫大的困擾。這就如同我們常常無視自己壓抑的那一面，直到它醒過來為止……。

　　每一個類型的心智功能是什麼、怎麼看得出來，這一點解釋起來有點複雜。如果你不是理論派的，可以參考本書後面附錄的表格就好。就像剛開始學紫微斗數或星座，也不需要自己會排盤。假如你希望進一步了解，到時候再上課也無妨。

Chapter 4

IS_J
珍惜「老字號」的經驗

"

IS_J 成為完整的自己之後，
將能找到傳承與創新的平衡點，
既維持好的傳統，
不讓大家被新鮮、閃閃發光的新事物沖昏了頭；
同時也能為了讓團體更好，
願意忍受變動的辛苦、主動大幅改革。
這樣的 IS_J 將成為一個團體最重要的脊柱。

"

IS_J 和你有幾分像？

你在 35 歲之前……

☐ 做決定時傾向仰賴過去的經驗。

☐ 如果沒有遇到問題，不太願意修改做事方式或流程（If it ain't broke, don't fix it!）。

☐ 如果沒有特別提醒自己，不太願意花時間或資源探索新的做法或機會。

☐ 不完全排斥新事物，但通常不是第一個嘗試的人（除非你曾經在第一次嘗試的時候，獲得超乎預期的成功經驗）。

☐ 如果別人忽然提出新做法或改變你規劃好的流程，你的第一反應是排斥。

☐ 一次出現很多新的東西或做法會讓你很崩潰。

☐ 做事的時候，傾向事前完善規劃，再按部就班執行。

☐ 傾向從反思或獨處中獲得能量，如果獨處的時間太少，會覺得虛脫。

☐ 偏好從細節跟事實中獲取資訊，不太擅長用推理或是看大方向來獲得資訊。

※ 如果你想初步「探索」ISTJ／ISFJ 有多符合你，可以參考以上敘述與你相符的程度。但請務必注意，以上並非 MBTI 官方的正式評量，千萬不要以此「認定」你的人格類型。

　　有一句俗語是這麼說的：「騙我一次，你可恥；騙我兩次，怪我自己。」從過去的經驗學習，這就是 IS_J 心聲的寫照。

　　IS_J 傾向信賴親身體驗，善於運用歷史教訓來規劃人生，他們常說：「我們以前都這樣做」、「不聽老人言，吃虧在眼前」。

　　IS_J 可能不懂，明明過去有失敗的案例，許多人卻相信做同樣的事情可以獲得不同的結果；他們也看不慣明明已經有成功經驗可遵循，卻有人要浪費時間做不同的嘗試。對他們來說，世界上的未知已經很多了，如果不善用經驗，不是浪費資源與時間嗎？

　　IS_J 可以是文化傳統的傳承者，相信經過漫長歲月洗禮後的傳統一定有存在的原因，就像「老字號」的產品有品質保證一樣。與其去想為什麼這些傳統或品牌可以傳承下來，IS_J 更專注於如何將這些東西延續下去。

腦中珍藏範本的 IS_J

IS_J 注重實際與現實，很需要具體的資訊。相較於推論出來的方法，IS_J 更相信感官獲取的資訊，也非常仰賴過去的學習與經驗，因為這些可以複製。

在 IS_J 心中好像有個雲端一般的儲存空間，分門別類存放著自己經歷的每一件事。所以 IS_J 很需要獨處，因為每次在外面經歷一些事情之後都需要消化，就像存檔或上傳一樣，總是需要一些時間。

IS_J 記得過去什麼成功了、什麼失敗了，有如編了一本生活手冊。當未來碰到類似的事情時，IS_J 認為與其聽一堆理論或推測未來的可能性，倒不如先從腦中的雲端撈出過去的成功範本，再修改運用。

例如公司要辦活動來凝聚團隊，IS_J 比較不會先問大家想要什麼，而是會蒐集公司辦過的所有共識營與工作坊，回顧大家的回饋，再找出最成功的活動來複製。

如果 IS_J 心裡累積的範本不夠多，很可能會用少數幾個成功範本硬塞進新的狀況，執行起來就會卡卡的，甚

至讓人覺得太官僚。所以，IS_J 需要多多對外探索，盡量體驗新事物，對未來工作、做人處事更有幫助。

頭洗下去，整個人就泡下去

　　IS_J 遵循規範，做事喜歡按部就班照計畫走，不太喜歡跟外界有太多突發的互動。IS_J 也比較善於根據現有的資源來思考可以做些什麼，或是依照環境來調整作息，不太會怨天尤人或主動向外尋求更多東西。

　　雖然東亞的成長環境大都滿支持 IS_J 的特質，但在「愛哭的小孩有糖吃」這個現實之下，IS_J 小時候可能因為守規矩、讓父母放心，成了不太受關注的乖孩子；長大後則常被大家當作可靠的對象，但也因為不會引人注目而被視為理所當然的存在。

　　IS_J 不容易被外界影響，也不太會三分鐘熱度，還可以忍受一成不變的常規。因此，只要頭洗下去，就會整個身體也泡下去。例如 IS_J 上瑜伽課，可能會一路學到

教師訓練，甚至變成瑜伽老師。所以 IS_J 不輕易嘗試新東西，因為害怕一試成主顧，耗盡有限的時間與精神，把自己累垮。

容易被誤解的穩定力量

IS_J 較不擅長把外面的不同線索串聯在一起，再藉此看到一個大方向，因此他們比較排斥創新、不確定、推測的東西，也不太喜歡在沒有看到問題時先去探索、想像未來的可能性。如果換到以創意為主的環境，一直求新求變，IS_J 可能倍感壓力，看不到自己的價值。

IS_J 比較「吃苦耐勞」、「認命」，容易看不到社會或系統需要做些調整，或者他們覺得微調就可以，不需要顛覆所有的架構。這時就會被其他類型看成是「一遍又一遍做同樣的事情，卻期待不同結果的瘋子」。（Insanity is doing the same thing over and over and expecting different results.）殊不知，IS_J 其實沒有期待不一樣的結果，而是真心覺得現狀可以忍受。

　　如果不是特別受到挑戰，IS_J寧可將精力花在確保執行品質上，希望有效率地在時限內完成事情，所以IS_J做事的成功率會比其他類型來得高。但也可能老是想著以前用過的方式，變得稍微缺乏創意。

　　通常IS_J習慣穩紮穩打，讓人感到非常穩、值得信賴，但也可能因此被人投射「這類型沒有特色、太固執古板」，因而看不到IS_J的價值。但如果沒有IS_J傳承、執行社會共創的規範，社會將一團亂，就像大家決定今天以物易物，明天用現金，後天用虛擬貨幣那樣。

被珍藏的傳統，都曾是新的東西

　　雖然IS_J偏愛經驗與傳統，但不代表他們不願意創新或學習。請不要忘記IS_J收藏的傳統曾經都是新東西，所以他們不是討厭學習新東西，因為所有新的經驗最後都會變成舊的回憶。

　　當IS_J看到過去都沒有成功經驗，或過去的成功經驗已無法複製時，也會主動嘗試新方法。但是，這個創新

最好別動到 IS_J 信賴的整體架構，否則他們容易當機。

　　例如 IS_J 一直認為組織中應該主管說了算，他們可以接受主管採納大家的建議再做最後的決定。但是如果某天，新老闆宣布未來所有決定都由全員投票決定，IS_J 可能會很難接受突如其來的巨大改變。

　　另外，如果 IS_J 曾在幾次新嘗試後獲得意想不到的好結果，好到足以扭轉對未知的恐懼，這也可能成為他們的模板，因而樂意嘗試新東西。原因不是他們對新事物有興趣，而是他們記得這樣做曾帶來很大的優勢（這也是為什麼我一再強調，不能用行為去判斷一個人的類型）。

找出傳承與創新的平衡

　　當身邊的人與系統變得太快時，IS_J 發現自己建立的所有規範都崩塌了，心中壓抑的那一面可能忽然爆炸。他們會停止探索，堅持傳統的做法。他們這時無法聽進建言，只會覺得要求改變的人「不聽老人言」。

　　不過，IS_J 也可能 180 度跳到另一個極端，變成「如果打不贏，就加入他們」（If you can't fight them, join them!）。他們可能會拋下一切傳統包袱，忽然變成另一個人，例如本來是嚴謹保守的上班族，忽然變成一個嬉皮去流浪；或是他們認定原本的環境已經徹底失控，便會忽然搬家／換工作／離婚，讓認識他們的人跌破眼鏡。

　　如果 IS_J 沒有好好面對這個部分，可能變成常態，每次只要無法獲得別人同意或是壓力大，就會覺得「管他的，我換一個人／地方／學校，重新再來一次就好啦」。

　　人生經驗豐富的 IS_J 能看到傳承的價值，也理解隨著時代變遷，很多事情會改變。IS_J 將能找到界線，維持好的傳統，不讓大家被新鮮、閃閃發光的新事物沖昏了頭；同時，他們也理解自己因為容忍度強，可能沒覺察到不合時宜的制度需要重整。為了讓團體更好，IS_J 願意主動大幅改革，雖然這個過程對他們可能非常辛苦。

　　能夠培養靈活度並平衡傳承與創新的 IS_J，就會成為一個團體最重要的脊柱。

致 ISTJ：

「你如果不說，有些人真的不懂」

● ISTJ 是最符合你的類型嗎？

☐ 你傾向根據已確定有效的 SOP 做事，以便有效率地達到目標。

☐ 你做決定時傾向符合邏輯，所以不太會先考慮自己或別人的感受。

☐ 你做決定時傾向先找出過去的類似經驗，再根據現況修改、套用。

● 身邊的人可能這樣形容你

☐ 冷靜   ☐ 穩重   ☐ 謹慎   ☐ 傳統

☐ 孤僻   ☐ 不懂變通   ☐ 完美主義   ☐ 有點冰冷

☐ 過度認真   ☐ 注重細節   ☐ 墨守成規   ☐ 自尊心高

☐ 不夠同理   ☐ 未雨綢繆

※ 如果你想初步「探索」ISTJ 有多符合你，可以參考以上敘述與你相符的程度。但請務必注意，以上並非 MBTI 官方的正式評量，千萬不要以此「認定」你的人格類型。

　　看過《哈利波特》的朋友一定記得，當哈利年紀還小時，每次老師問問題，班上第一個舉手的就是妙麗。這位小姐對念書的方法有很強烈的執著，放假時該預習的功課一定都準備好。他對好友哈利和榮恩玩世不恭的念書態度很不以為然，常常想糾正他們。

　　我相信妙麗也喜歡在團體裡扮演小老師的人設，若非魔法世界發生大事，他可能一輩子都不會改變個性，而是愈來愈覺得自己就是高材生，愈來愈不願意嘗試新做法。但是後來當他所信賴的機構受到威脅，他信賴的老師也失去權力，妙麗慢慢發現舊的方式無以為繼，便開始勇於探索新的可能性。

　　同樣地，《天外奇蹟》裡的老爺爺為了保護回憶，堅持要做別人眼中的「釘子戶」，排除萬難也要抗爭到底。當他發現真的沒有辦法時，才踏上探索的旅程，卻也因為這個機緣，讓他的人生又找到了新的意義。

特質 仰賴過去經驗的忠誠夥伴

你為了達到最高效率，每次遇到新的事情，往往習慣先搜尋有沒有做過類似的事，再務實分析。接著，你會定出詳細計畫，再一步一步執行。因為你會參考過去的經驗，不會冒然嘗試新做法，所以成功率高於其他的類型。因此，這是你自信心的來源。

你傾向多一些時間獨處，所以滿適合獨自工作的。如果工作的時間與分工明確，沒有太多變數，讓你可以發揮邏輯分析的能力，專注在想做的事情上，就可以讓你走入心流狀態。

雖然你不討厭團隊合作，但你希望分工清楚，並建立詳細的 SOP，每個人的檢核點都沒有爭議或模糊地帶，讓大家各盡本分。

你對朋友、家人都非常忠心。只要投注了感情，你就會把對方當作自己人，存進腦中的基本模板。從此以後，

你一定什麼事情都想到對方。

　　你照顧人的方式，比較是幫對方處理實際的事情，而不是走買花、甜言蜜語的路線。例如要繳稅了，你會默默幫對方整理好資料。你可能像霸道總裁或冰山美人，被誤解為高傲冷漠，但其實在酷酷的外表底下有顆溫暖的心。

關卡 看不懂別人，也不太想看

　　如果你太早有成功的經驗，可能不願意繼續擴增範本、嘗試比較有風險的新做法，讓人覺得你墨守成規。

　　ISTJ 如果要成長，必須多跟外界互動，向別人解說你的邏輯並整合資源，但這對 I 傾向的你並不容易。首先，你可能覺得別人應該會懂你的邏輯，但其實沒有！再來，你也可能嫌麻煩，或是怕「人」的因素太多會節外生枝，就不太想跟大家解釋。你也不喜歡為了討好別人而做出不符合邏輯的決定。

　　然而，一旦溝通能力跟整合能力沒有發展好，你可能反而變得太仰賴感受、太專注在自身經驗和信念，卻無法整合資源或告訴別人為什麼這麼做比較好，因而防衛心很

重、排除運用邏輯，讓人覺得你不近人情，像個老頑固。

　　如果你沒有多花時間溝通、想辦法理解他人，你說話、做事時不太能想到別人的感受，可能會有些傷人；或者，你會太堅持自己的信念，不願意聽別人的想法與回饋。滿多 ISTJ 自認不太懂得同理，好像比較冷酷，原因在於，你有點看不懂別人的想法，或者你也不想看，因為你不想改變做事方式，就算看了以後也不能做什麼。

　　不過，我想提醒的是，我們在這個世界上不可能完全不跟別人一起生活與合作，而且其實你也渴望用情感與人交流，只是這份渴望比起獨處略遜一籌。你非常希望做真實的自己，也希望做的事情符合自身信念。

　　當別人的批評或建議影響到你的信念或對自己的觀感，或者，你覺得自己的情感或你所相信的一些流程受到了威脅，在壓力大的狀況下，你可能會被觸發，變得更不願改變現狀、更想捍衛自身信念，成為別人眼中的頑石。你也可能因為煩躁而遠離人群，變得愈發憤世嫉俗。

　　你可能對天馬行空的想法不以為然，或對三分鐘熱度的行為有負面觀感。你覺得有這樣想法或行為的人沒有恆心，做事不踏實，也都不懂得「吃苦當吃補」的真理。但是，如果沒有天馬行空、到處探索的人，大家都專注在複製過去的經驗，人類就不會有創新，遇到突發狀況也無法靈活應對。

　　你可能希望大家「理性一點」，有時也無法理解為什麼別人會有一些幼稚或情緒化的訴求。你也可能想要遠離情緒化的人，因為你不太知道怎麼跟他們溝通，好像你們說的語言不一樣。如果是親近的人，就算他們只是表達情緒，你都會覺得有點被情緒勒索，因為你不太想為了這些情緒而改變自己。

　　不過，會表達情緒的人可能是反映你所壓抑的情緒，或是表達了身邊的人有共感、當事人卻沒有自覺的感受。此外，他們也能提醒我們，人不是機器，並非一切都能照計畫、照邏輯進行。

提醒 放自己一馬，這不是縱容

記得前面提到妙麗跟《天外奇蹟》的老爺爺？他們如果沒有碰到很大的外界刺激，可能永遠不會改變。但不可否認的是，改變之後，他們的人變得更完整，人生也更有意義了。

不要等到逼不得已才去探索不同的生活方式。請慢慢讓自己看到，人生不需要每次都成功、每次都這麼有效率，就算因為嘗試新東西而失敗，也是一種學習。

完整的你能參考過去的經驗，同時探索不同的可能性，再規劃出最好的方式；你也能給別人發揮空間，因此能整合更多更廣的資源來達成目標。

你非常目標導向，對成功的樣貌有清楚的圖像，會期待配偶的樣子、小孩的樣子、家裡的運作方式等。你也嚴格自我要求，並可能自認是好事，因為這樣子你才能有今天。許多時候你放不下過去的成功，它成了你的偶像包袱；或者，你忘不掉過去的失敗，它讓你無法停止鞭策自

己。然而，這些終究會阻礙你成長蛻變，讓你愈來愈淪為完美主義的奴隸。

我們研究心理學這麼久，都知道正面回饋可以讓人進步更快，可是如果你對自己非常嚴苛，就算逼得自己走到一定高度，還是會碰到瓶頸，因為你的動力來自於躲避批判，而不是達到目標後的喜悅。

另外，因為你對自己嚴格，很容易不小心帶給身邊的人太大的壓力。當你明白這點之後，下一步就是要趕快刪除這些過去的「檔案」，或是放到一邊去。邱吉爾曾說：「成功不是終點，失敗也不是末日，堅持下去的勇氣，才是最重要的。」（Success is not final, failure is not fatal: it is the courage to continue that counts.）所以，請先停止批判與鞭策自己，放自己一馬吧！不要因為過去的成功或失敗讓你不能前進。

我希望你想一下，自己對於「成功」在事業、家庭的定義是什麼。是大家都照著計畫走，還是家庭和樂？如果事情不照著你的規劃走，會如何？如果真的「失敗了」，

又會怎麼樣？自己是不是曾因為失敗而學到更多的東西？

　　你會發現我們從小到大沒有什麼事情是沒有失敗就能成功的，比方說學走路，沒有哪個幼兒一下床就會走，大家都是從爬開始，爬一爬站起來跌倒，走一兩步摔跤、走三四步摔跤，這時爸媽都會覺得非常可愛，都要錄下來。但是為什麼當了大人之後，你一摔跤就覺得自己很差勁？這並不合理。

　　所以，每當你摔跤時，一定要提醒自己：「小時候也不是一下子就學會走路的，那為什麼我要自己這麼短時間就成功呢？」你就想像自己還是一個寶寶的時候，如果你連爬都不敢爬，那你到今天都還躺在床上，要人家餵奶。就踏出那一步吧，然後對自己好一點，這樣才可以走得更長遠。

　　完整的 ISTJ 懂得拆掉「永遠都要準備好、永遠都要做對事」的人設，也會重新定義所謂的「失敗」，進而看到嘗試新東西跟失敗並不需要令人掛念。如果愛迪生當時失敗了幾次就放棄，也許我們現在還在點蠟燭呢！

你帶給世界的禮物

"
忠於維護規範，負責貫徹到底
"

穩定

負責

靠得住

理智

致 ISFJ：
「唯一不變的是變化本身」

● ISFJ 是最符合你的類型嗎？

☐ 你傾向遵循傳統習俗或儀式，讓家庭或團隊維持和諧又有凝聚力。

☐ 你做決定時優先顧及大家的感受、團體的動力，比較不會先考慮是否符合邏輯。

☐ 你做決定時，習慣先找出與眼前問題類似的過去經驗，再依據相關人物的不同進行修改、套用。

● 身邊的人可能這樣形容你

☐ 安靜	☐ 嚴肅	☐ 值得信賴	☐ 容易焦慮緊張
☐ 可靠	☐ 維護傳統	☐ 任勞任怨	☐ 難以拒絕別人
☐ 認命	☐ 認真	☐ 注重細節	☐ 外柔內剛
☐ 渴望友情又感到孤單		☐ 在意別人對自己的看法	
☐ 保守			

※ 如果你想初步「探索」ISFJ 有多符合你，可以參考以上敘述與你相符的程度。但請務必注意，以上並非 MBTI 官方的正式評量，千萬不要以此「認定」你的人格類型。

　　在迪士尼的卡通中，灰姑娘的爸爸娶了對灰姑娘很壞的繼母，還帶著兩個會欺負他的姊姊，但是灰姑娘任勞任怨，每天還是跟他的老鼠朋友（咦？）一起做家事，在被虐待的生活中找樂子。

　　他過得開心嗎？別人看他相當痛苦，但他懂得苦中作樂，似乎沒有太多抱怨，也沒有在繼母、姊姊的食物裡吐口水、放老鼠屎報復。就算遇到了王子，也知道對方愛上自己，還是因為不想傷害家人而沒有主動去找王子。若非剛好全城的女孩都穿不進那隻玻璃鞋（怎麼可能？），也許善良的灰姑娘就永遠失去找到真愛的機會了。

　　不過，原版的《格林童話》有些不同，灰姑娘並非任勞任怨，他做家事一則是因為媽媽去世前交代他要做個虔誠的「乖」孩子，二則是被繼母大力逼迫。他被欺負後，常常去媽媽的墳上哭；他也花了很多力氣爭取參加舞會，並不是馬上接受繼母的安排。最後跟王子結婚了，故事也影射他有些報復的行為……。

　　這兩種看似不同版本的灰姑娘，其實核心都還是ISFJ 傾向的主角。

（特質）**幸福，就是一切如常的安全感**

當你處理事情時，會先從過去類似的經驗中挑出成功率最高的做法，並考慮這個做法有沒有顧及所有人。由於你重視和諧，因此每當要做決定時，你可能會想：

我以前學過什麼？別人怎麼教我的？

以前碰過這樣的狀況嗎？當時大家怎麼做？

那時候的做法有讓大家開心、團隊和諧嗎？還是讓大家鬧翻了？

我怎麼做能讓大家凝聚在一起、讓人人都受到照顧？

如果能讓你按照規範、程序做事，或是有文化或傳統可以讓你規劃 SOP（例如，過年要在家裡過、公司尾牙要讓老闆表演、晚餐要家人全部坐下才能開動等），同時你又能照顧到所有人的情緒與需求，做一些對團體、對世界有意義的事情，這會是你的心流狀態。所以很多能讓所有人民都受到照顧的政策，就是 ISFJ 想出來的。

　　你照顧人的方式就是關心、體貼，幫別人做你認為他們會開心的事情。像是家人曾經稱讚你做的一道菜，你之後每次看到他都會做同一道菜，雖然這也可能讓他們吃膩時不敢告訴你。當家人在外受傷時，你是個穩定溫暖的存在；當家人好久沒回家時，往往最想念的就是你的料理。

關卡 小心，別被過去綁住

　　當你過去的成功經驗不夠多，可能會堅持一定的模式，讓別人有壓迫感或感覺被情緒勒索。

　　例如，你可能堅持全家都在才能開飯，所以會跟加班的人說：「你不趕快回家，我們大家都要餓肚子了！」或者，你可能過度仰賴過去的經驗，像《格林童話》的灰姑娘，因為媽媽臨終前的話而無法順著直覺來反抗繼母。

　　有時你也會堅持過去的承諾，例如朋友約吃飯，你以為只有你們兩位，去之前他才說會再帶兩個人介紹給你，這時你有可能生氣，因為對你來說這並非原先的「承諾」。

　　不過，你要知道人生常有天上掉下來的機會，如果一定按照規劃來生活，就可能因此失去一些人生中的驚喜。

如果你沒有發展出堅強的信念或理解自己要什麼，你會過度在意別人的想法和需求。你可能覺得要讓 A 開心，也要讓 B、C、D 都開心，因此花了所有的時間迎合別人，卻忘記照顧自己或是身邊最重要的人。

例如，你可能記得媽媽以前每年都做一桌年菜給大家，自己當了媽媽之後，因為大家希望有同樣的感受，雖然你不太擅長也沒有很喜歡下廚，還是堅決為了維持傳統，把自己搞到壓力很大、心情不好，忙得無暇顧及自己和小孩。

當你壓力大而被觸發的時候，可能過度切割自己的情感、過度運用邏輯來分析事情。

例如，你平常很照顧人，花很多時間來顧及每個人的想法，可是當你發現自己真的沒辦法讓每個人都開心，甚至你還被當成壞人、受人怪罪，你就會想：「那不要管了，不要再浪費時間了，我們依法辦理，完全照著邏輯來，大家都別廢話，誰該做什麼去做就是了。」

你可能變得有過之而無不及，開始過度批判、過度完

美主義，當別人沒做到該做的事情時，你會一反體諒的態度，不太願意看對方的難處，而是質疑為什麼沒做到。

　　另外，你真的氣起來也可能完全放棄思考、不講邏輯，否決所有對事不對人的議題。例如，有人告訴你「可是我們每個組織都有一些規範必須遵守啊」，你可能會反對，覺得「應該看每個人的狀況，要關注每個人，不可以這麼冷血」。

　　在正常的狀況下，遇到新資訊，你可能會去了解一下。但是如果短時間內有很多新的東西進來，你會開始覺得有點不安全，因為你建立的所有架構都可能被推翻，也可能影響原本的團體動能與和諧。

　　當你愈覺得受到威脅，就愈焦慮，變得更排斥對外探索，你會完全擋住新東西：「不，不行改，就是不能改。」例如，組織裡有一批人一起離職，你很可能陷入負面情緒，覺得「這個走了，那個也走了，這公司完蛋了」。

　　對你來說，要去看到事情能有不同的做法，或是透過

探索找出不同的可能性，這些都是你不擅長也不太喜歡的事情。例如明明每年的年夜飯都在家吃，今年卻有人提議一起出國玩，你可能覺得莫名其妙：「這做法不同、氣氛不同，怎麼還算是過年呢？過年就是應該全家圍爐啊！」你可能沒看到這個方式能讓大家一邊團聚、一邊度假，也省了做年夜菜的辛苦。如果全家都希望出國玩，你可能會動怒，忘了全家聚在一起就是為了快樂團圓，而不只是完成某個儀式。

你可能對三分鐘熱度的人不以為然，認為他們不切實際，也擔憂他們不尊重傳統或是想推翻傳統，既不懂基本的禮義道德，也不懂得體貼其他人。你也可能認為畫大餅的說詞都是歪理，認為這樣的人不夠踏實。

然而，如果沒有這些人，我們的世界可能永遠沒有創新跟改革的機會，我們也不會看到親情、人情的壓力可能阻礙我們自我成長。

提醒　相信自己，停止無謂的透支

你也許寧可只跟少數幾個人親近，因為只要是你關心的人，他快樂與否都會影響你的情緒。你的潛意識希望團體的互動不要改變，但人生唯一的不變就是「改變」，尤其是人心。

所以，當改變發生的時候，提醒自己不要先跳到比較負面的地方去，也不要太焦慮，因為改變不一定是壞事，有時反而是轉機。你要對自己的能力和這個宇宙有些信心，相信到了最後一切都會 OK。如果你沒有宗教信仰或沒辦法相信宇宙，至少要相信自己，因為你非常有韌性，也很有毅力，懂得如何應變。

你學一個新東西時，會想走到很專精。雖然這是你的長處，但也不要給自己這麼大的壓力，你不需要做了選擇就要走到極致，有時候學到一半覺得不適合，就不要再繼續，不用硬撐著消耗自己的能量，畢竟你只有這麼多的時間和精力。建議你也多探索，不要覺得這是三分鐘熱度，這樣之後才能做出最適合自己的選擇。

　　當你對一個人有感情的時候，會完全投入，所以你不能同時愛這麼多人，有些人就是比其他人重要（例如家人相對於同事）。與其聽到別人的需求就直接反應去照顧別人，我希望你先停下來，想清楚排序，並盤點自己到底還有多少資源與時間，才能讓自己停止無謂的透支。這並不簡單，不過，花一些時間練習，慢慢就可以有些界限。

　　最後，請不要因為太關心別人就犧牲自己。你常常扮演維繫家庭、凝聚整個團體、支撐社會傳承的角色，如果你累壞了，受傷的不只是你自己，也包含真正很愛你、很關心你的人。所以，雖然這對你可能有點難，但我還是要請你對自己好一點，把自己的需求放到更前面。加油囉！

　　完整的 ISFJ 了解儀式跟 SOP 只是維護團體福祉的方法之一，並不是一切。這樣的 ISFJ 也會先把自己照顧好，探索自己不同的面向，從自身經驗來了解每個人的需求。你將懂得讓身邊的人找到自我定位、尋求自身快樂，再用大家都舒服的方式達到團體的和諧與目標；你可以將傳統的精髓留下，但也會依照社會變遷改變行為與習慣。

你帶給世界的禮物

" 兼具智慧與建設性的同理心 "

共情
細心
溫暖

Chapter 5

ES_P
反應迅速又能活在當下

66

ES_P 有一種其他人無法掌控的魅力，
如果他們想要，常常可以成為人們關注的焦點。
成功的 ES_P 就像是走鋼索卻沒有架安全網的人，
必須全神貫注，專注在每一秒的每一個動作，
所以他們不能想太多或想得太複雜，
這一刻所發生的一切，對他們來說就是最重要的。

99

ES_P 和你有幾分像？

你在 35 歲之前……

☐ 傾向專注在當下，較不重視長期規劃。

☐ 更注重眼前的狀況，比較不會去設想現在的行為對於未來的可能影響。

☐ 跟自己的身體連結比較多，傾向透過感官蒐集資訊。

☐ 比較容易被外在的資訊吸引。

☐ 比較喜歡尋求刺激。

☐ 比較少想到未來的趨勢。

☐ 可能反應比較快，但也可能太快下結論。

☐ 可能做事比較沒有耐心。

※ 如果你想初步「探索」ESFP ／ ESTP 有多符合你，可以參考以上敘述與你相符的程度。但請務必注意，以上並非 MBTI 官方的正式評量，千萬不要以此「認定」你的人格類型。

　　ES_P擅長透過感官接受資訊，他們像是武俠小說的武功高手，一點風吹草動就可以知道敵人來襲，也能知道對方的功力。因為比較快接收到這類資訊，別人可能覺得他們的反應更快，但那是因為他們開始準備的時間比別人多了那幾秒。

　　因為反應快又充滿能量，ES_P有一種其他人無法掌控的魅力，如果他們想要，常常可以成為受到人們關注的焦點。

　　ES_P的感官在每個當下都能接收許多資訊，外向的他們也樂於與這些刺激互動。只要讓他們跟外界互動，而且不是充滿負面能量的環境，他們會讓人感覺有用不完的精力。

　　ES_P也擅長觀察，別人的小動作都逃不出他們的法眼。他們可能精於從別人的一舉一動來了解對方的思考脈絡或情感狀態，想騙過他們，恐怕需要一些功力！

計畫趕不上變化，不如就見招拆招

因為 ES_P 常常臨場反應也可以做得很好，所以不習慣想得很多很遠。他們理解不管做了多少計畫，也不可能預料未來的所有事情，因此及時行樂比起替未來擔憂來得更有意義。如果用打球來比喻，他們可能覺得：「我只要上場就知道怎麼做了，為什麼要浪費時間事前規劃策略、沙盤推演？」

喜歡活在當下的 ES_P 的罩門就是設想未來會發生什麼事情、替未來做比較長遠的計畫。他們就算隱約知道現在不做打算，未來可能出狀況，還是可能心存僥倖，想要見招拆招。

我們大部分的人應該都遇過這樣的狀況：明明要減肥，但美食當前，於是告訴自己「今天先吃一點，明天再開始吧」；或是明明知道隔天一大早要開會，但是跟朋友出去玩得太開心，原本十點要回家，結果喝到清晨，早上因為宿醉而難受不已。這種事情可能較常發生在 ES_P 身

上，因為感官的刺激太吸引他們了，就像貓聞到貓薄荷一樣，是個難以控制的直覺反應。

　　ES_P 若要成為真正的武林高手，需要學會不動如山、靜觀其變，想清楚自己真正的目標，不需要跟每一個人過招。

坐著好好念書，是最嚴厲的處罰

　　ES_P 擅長透過感官刺激以及與外界互動來激發學習動機，所以待在家裡「好好念書」對他們來說相對痛苦。但如果理論的學習能搭配做中學、實驗室的研究，或是團體討論及互動，就能引發 ES_P 的學習動機。

　　如果環境可以讓 ES_P 多多活在當下，發揮隨機應變的能力，那別人可能因為他們反應快而高估了他們的實力。但如果是在比較傳統的東亞教育體系裡，學習環境經常是老師講、學生聽，較少互動，那他們可能會無聊到想睡覺，也會看起來很懶散。但請千萬不要誤解他們不喜歡學習，ES_P 的學習能力可以非常強，智商高的 ES_P 可

能讓老師覺得上課時沒在聽，考試卻可以得高分。對 ES_P 來說，尤其是模仿別人、現學現賣這種比較「街頭智慧」（street smart）的事情，更是他們的強項。

ES_P 對於缺乏互動的環境感到無聊，也比較排斥沒有刺激、按部就班的執行方式，加上規劃未來不是他們的強項，在比較嚴厲、規範界線清楚的環境中，他們容易被投射成懶散、不踏實、只有小聰明、人緣比實力強的人。

如果從小就在這樣的環境中接受這樣的投射（尤其在東亞的教育環境很可能發生這種狀況），他們對自我的能力也會有所懷疑，可能覺得自己就是「不愛念書」、「不會念書」或是「有過動傾向」的小孩。

當 ES_P 的特質沒有受到欣賞，或是在體系裡派不上用場時，他們會幫自己另外找定位：聰明卻調皮搗蛋的小孩、過動的小孩、搞笑諧星等。同時，他們也會過度低估自己的學習能力。

　　如果眼前的誘惑與 ES_P 的信念或未來圖像相牴觸，他們卻沒有紀律抗拒時，他們可能更不想看未來圖像，反而用一些方式合理化自己的決定（例如：誰知道人可以活多久？）。

　　或者，ES_P 經歷過幾次因為沒有事先計畫而失敗後，開始花太多時間想像未來的可能性，對不可捉摸的未來感到恐懼，也對自己感官獲取的資訊失去信心，找不到自己的價值。

盯著眼前的同時，也記得想想未來

　　完整的 ES_P 像是在沒有安全網保護就走鋼索的人，必須全神貫注，透過感官蒐集資訊，專注在每一秒的每一個動作，用最短的時間做出決定，並控制身體徹底執行，所以他們不能想太多或想得太複雜，這一刻發生的一切對他們來說就是最重要的。

不要看 ES_P 是 P 傾向就認定他們會拖延，完整的
ES_P 其實不太會讓問題累積太久，很多問題在發生的當
下就會獲得解決。他們不會過度分析問題，或是牽拖太多
不相關的人事物一起參與決策。

當 ES_P 可以確信自己的信念跟發展自己的邏輯，並
用這股力量來訓練自己的紀律，進而找到成功圖像，他們
會成為我們最需要的第一線急救人員。不管是緊急化解團
體的尷尬（例如老闆講了笑話沒人笑或沒人接哏），或是
急救混亂的狀態（像是電影裡的英雄走入槍戰中拯救人
質），ES_P 都能得心應手。不過，對於需要深思熟慮並
規劃長期計畫、整合多方資源的事情，他們就可能拖延症
上身，不太想面對。

然而，同樣的特質也是 ES_P 壓抑自己的地方。當他
們沒有發展這些部分，就會看不到（或不願意看到）現在
的所作所為與其他人事物的關聯，或是對未來有什麼影
響。在這樣的狀況下，他們容易重蹈覆轍，讓大家百思不
得其解，為什麼這麼聰明的人老是犯同樣的錯誤（妙的
是，他們看待別人的狀況時，卻都能非常客觀地分析）。

　　不少自認為吸引渣男／女體質的人都可能是 ES_P，雖然每一種類型都可能不幸碰到渣男或渣女，但多數人是一朝被蛇咬，十年怕草繩，可是 ES_P 再度碰到時，尤其是 ESFP，他們有可能又被當下的甜蜜沖昏了頭，或是認為自己的應對能力有升級而再次陷進去。

致 ESFP：

「你不需要永遠為了讓別人開心而回應」

● ESFP 是最符合你的類型嗎？

☐ 你喜歡追求感官上的樂趣，可能曾被人說是「愛玩」或「很會玩」
的小孩。

☐ 你比較能透過動作來表現豐富的情感。

☐ 你可能在團體裡扮演開心果或帶動氣氛的角色。

● 身邊的人可能這樣形容你

☐ 隨和	☐ 精力充沛	☐ 觀察力強	☐ 務實
☐ 足智多謀	☐ 活潑樂觀	☐ 喜歡熱鬧	☐ 喜歡被關注
☐ 人來瘋	☐ 喜歡自由	☐ 適應力強	☐ 三分鐘熱度
☐ 沒有耐心	☐ 反應快	☐ 追求刺激	

※ 如果你想初步「探索」ESFP 有多符合你，可以參考以上敘述與你相符的程度。但請務必
注意，以上並非 MBTI 官方的正式評量，千萬不要以此「認定」你的人格類型。

　　漫威漫畫《星爵》的人物彼得・奎爾反應快又幽默風趣，通常出場時都會有好笑的劇情。雖然他也有苦惱，但通常都是扮演搞笑的角色。

　　美國影集《六人行》裡的瑞秋也很像 ESFP，記得第一集就是他的婚禮舉行到一半，他中途落跑，因為他發現自己實在沒有辦法繼續下去。

　　其實大部分的人要退婚約可以不用等到最後一刻，不過因為 ESFP 不到最後關頭不太願意想到未來，尤其當未來可能問題重重的時候；但他也不能因為擔心後續的爛攤子而違背自己的信念跟感受，因此，這就非常像 ESFP 可能碰到的狀況。

特質 **用熱情凝聚大家的貼心夥伴**

你擅長透過感官接受資訊，可能從小就富有觀察力，或是嗅覺、聽力特別強，或對吃有特別的喜好。當你用感官蒐集資訊之後，會考量自己舒不舒服、是否符合信念，再做決定。對你來說，看得懂別人的心情、擅長交朋友、可以透過互動帶給自己跟他人樂趣，都是自信來源。

當你處在高強度的環境中，而你可以充分運用感官，透過互動與對別人的觀察來了解人性，並發揮創意，用熱情和親和力幫助別人解決問題，這會是你的心流狀態。

當你發揮得更好時，你很適合協助大家跨部門合作，因為你的熱情可以讓大家很快一起開始對話。你就像電影《荒唐分局》（*Brooklyn Nine-Nine*）裡比較不按牌理出牌、帶著幽默感又滿聰明的警探。

你很體貼，如果看到身邊的人不開心，可能會多加陪伴，陪他吃好的或是到郊外散心，你也願意給對方空間好

好休息。不過，你不太願意花太多時間想像未來的可能性，譬如去談要不要結婚或是討論未來的發展，因而可能讓對未來有恐懼的人缺乏安全感。

關卡 讓自己當下好過、未來難受

　　你可能太過於專注在當下，不太想規劃未來，也不去思考做某件事情跟你的信念有什麼連結、對你的未來是不是有幫助，變得只是尋求感官上的刺激、好玩，像是極限運動、攀岩等。這樣一來，你會陷入過一天算一天、當下開心就好的狀態。

　　當你對自己沒有很大的信心、太渴望被喜歡，你比較難跟人說「不」。例如老闆找你週末陪他出去，你其實不想，但是當下的尷尬感受太過強烈，於是你就答應了。因為與其現在難受之後輕鬆，你比較專注在當下，所以會先答應下來，讓自己未來再去苦惱。

　　你可能常常分心或被打岔，例如跟人講話，忽然有東西飛過去，你就跟著飄走了。所以你要多發展紀律跟邏輯，若一件事符合你的信念，就要想辦法入定，專心做完。

　　這並不容易，因為你太容易接收到外面的刺激了，但適度透過打坐之類的方式讓自己靜下來，就是你可以發展的地方。再來，花一些時間多想一下你最終的目標、最終的成功圖像是什麼，可以讓你有一個錨來穩住自己，不會一下子就飄走。

　　當你壓力大的時候，可能過度使用邏輯，或是乾脆完全忽略邏輯。比如說前面講到瑞秋逃婚，他應該在逃婚前就隱隱約約覺得結婚不太對勁，但是他跳過跟自己確認的步驟，變成完全用邏輯來分析，例如覺得爸媽說好或社會主流認同，或是感覺未婚夫「適合」他，因此自己應該做這樣的決定。當他真的受不了時，又完全放棄邏輯，婚禮進行一半忽然落跑。雖然他終於找到自己的真心，但也許用了不太符合邏輯的做法。

　　你也可能很容易聽從父母或是很會講道理的人的建議，因而做一些決定，但這樣的決定通常會讓你未來很痛苦，或是決定了不久之後就想要放棄，出現所謂的三分鐘熱度。

由於你不擅長規劃未來，因而容易對未來產生很大的恐懼，你也可能變得疑神疑鬼，覺得大家都在背後講你壞話或想要害你。

一般來說，你對其他人滿包容的，不過，你可能不太欣賞別人一直放眼未來，講一些不著邊際的預言，一天到晚告訴大家「應該」如何為未來做規劃。雖然這種類型的人懂得未雨綢繆，某些層面你也覺得他們是對的，但是他們通常會主動告訴你應該做什麼，甚至可能唸你，導致你覺得有點煩。

你也可能對組織能力很強、一直逼你做決定的人又愛又恨。你愛他們是因為他們可能很照顧你，會提醒你做很多你可能忘記的事情。然而，他們卻又很常逼你做決定，或是當你想翻轉決定時加以阻止（一直提醒你恆毅力最重要），使你覺得這麼做是很有罪惡感與壓力的事情。

不過，組織能力強的人也許感覺不近人情，但是你很清楚如果沒有他們，我們的社會可能就亂成一團了。如果每個人都在最後一秒才做決定，那麼其他配合的人就沒有

充分的反應時間了。也許你覺得，他們不要這麼咄咄逼人就好了，但請設想，如果世界上有一半的人都不願提早做準備或做決定，對他們來說這是多麼令人焦慮的事情啊。

提醒 **展現真實的自己，找到心中的北極星**

　　因為你擅長透過模式來理解人性，例如某個人好像每次碰到某件事就會哭，或是看到某個東西就會開心，於是你非常了解別人想什麼、怎麼看你，你的人緣會是你最有自信或自認很有價值的地方，所以很容易就想討好別人而多做事情。但你還是要先靜下來想，自己想當什麼樣的人、是不是一定要讓這些人喜歡你。

　　我建議你適度把悲傷難過的那一面展示給大家看。因為你常常扮演開心愉快的角色，有時大家也會把你定位成那種樣子，於是你很難表現真實的自己，久而久之，雖然你還是人來瘋，可是人走了以後卻可能覺得空虛、孤單。

　　所以，請試著告訴大家「我今天心情不好」之類的，你不需要是永遠帶給團體歡樂的人，你不需要永遠是團體

的潤滑劑，也不需要永遠是大家吵架時的和事佬。雖然一開始你好像會覺得有點尷尬、不太舒服，但如果想要關係維持得長久，你還是需要在別人面前表現真實的自己。

　　你也可以練習說「不」，特別是當別人無預警地問你問題時，不要馬上回答，先花點時間想一下。如果你不想答應，寧可現在說不。雖然當下可能會尷尬或不舒服，但如果你先說「好」再勉強自己，反而之後會痛苦更久。

　　再來就是對未來的打算，你不需要做什麼短、中、長期的計畫，但心中還是需要有一顆北極星，讓你知道往哪一個方向發展。也許你想要往心理學或是國外發展，你可以不要想得那麼細，但還是要花一些時間靜下來思考自己未來的圖像是什麼。也許對現在的你來說真的太遠，可是沒有這樣的圖像，你可能每天做的事情都不一樣，沒有辦法累積經驗，因而距離理想愈來愈遠。

　　如果你真的想要達成什麼事情，我建議使用願景板（vision board），把你的成功圖像印出來或寫下來放在床頭，例如在 3 個月內要健身成什麼樣子或是考上什麼。當

你貼得到處都是，每一次快要分心，就會看到「這是我為什麼要做這件事的原因，因為這是我的信念」。你可以透過這個方式提醒自己、增加自律。

當然，當你真的因為蒐集到更多資訊而決定改變目標，也不要太責備自己三分鐘熱度。每個人都可以因為時間的變化而做不同的決定，你要知道能靈活調整自己是你的優點，不要為了開發自己的另一面就抹滅了自己的優勢。

完整的 ESFP 對未來有比較清楚又符合信念的圖像。你做決定時會想到，一年或十年之後自己會滿意這個選擇嗎？現在這麼做，對自己的未來好嗎？你也會勇於面對棘手的問題，不會逃避而做出不合理或傷害自己的決定。

你帶給世界的禮物

> "理解人性，藉由靈活應對，增加團體的生活樂趣"

\# 社交潤滑劑

\# 靈活

\# 人緣

致 ESTP：

「事前演練是為了上場發揮 100% 的實力」

● ESTP 是最符合你的類型嗎？

☐ 你傾向運用邏輯，以當下既有的資訊來做決定。

☐ 你比較有能力簡化問題並立刻解決，但有時會把問題想得太簡單。

☐ 你常常上場表演，或是臨場表現優於練習時。

☐ 你比較不喜歡太詳細地規劃人生或想得太遠。

● 身邊的人可能這樣形容你

☐ 實際　　　☐ 觀察力強　　☐ 行動導向　　☐ 沒耐心

☐ 講話直接　☐ 反應快　　　☐ 機靈　　　　☐ 善於變通

☐ 投機　　　☐ 有效率　　　☐ 理性　　　　☐ 同理心不足

☐ 興趣多而不精　　☐ 做事擅長化繁為簡　　☐ 不喜歡事前規劃

※ 如果你想初步「探索」ESTP 有多符合你，可以參考以上敘述與你相符的程度。但請務必注意，以上並非 MBTI 官方的正式評量，千萬不要以此「認定」你的人格類型。

　　《辛普森家庭》的主角霸子就是很典型的 ESTP。他幽默活潑人緣好，喜歡嘗試不同事物，不論那些事物有沒有符合社會的期待。他講話很直，對人的情緒也不太敏感，是大人眼中的調皮搗蛋鬼，不管是在家中或學校都喜歡挑戰權威，讓大人跟他非常守規矩的妹妹都很受不了。

特質 用慢速撥放看高速變動的環境

　　你善於用感官從外界獲得資訊，打個比方，跟其他人相比，你就像《駭客任務》裡的尼歐下腰躲避子彈的橋段，可以慢速播放、把每個細節都看得很清楚，進而從容地隨機應變。因為你需要感官刺激，所以你對外在世界比較有興趣跟好奇心，如果處在比較沒有變化的環境，很容易感到無聊。

　　當你透過感官看到、聽到、聞到一些資訊之後，你傾向用邏輯來分析，為什麼這裡有這樣的味道、為什麼自己看到的狀況是這個樣貌。透過這種方式，你漸漸會看懂別人的一顰一笑代表什麼意思，懂得怎麼「讀人」。

當你的感官可以受到刺激、獲得很多新鮮的資訊，再透過分析快速應對外在世界，這會是你的心流狀態。即興表演、從政或從事各類運動都是明顯的例子，像是打球，你要專心看著球去做反應，而不是坐著紙上談兵，這類活動都可能滿適合你的。

你對一般人都可以直來直往，也不吝給人「指教」，或是說一些很幽默諷刺的話。碰到喜歡的人，你可能故意逗他們，讓他們跟你多一些互動（但有時這有反效果，因為有些人比較開不起玩笑）；或者，如果他們犯了錯或是出現很大的情緒，你也比較能包容（這種包容對 ESTP 來說相對不容易，而 ESFP 就比較擅長）。

你通常不太喜歡給承諾或是聽人家的玻璃心碎故事，但為了愛的人，你可能願意事先規劃一些事情，也多一些時間傾聽、多一些包容。

關卡　渴望腎上腺素，給自己製造麻煩

　　你可能過度沉浸在追求感官的刺激，渴望腎上腺素，但真實的人生不一定有這麼多刺激的事情。如果你是上班族，不可能天天打球、登山、做運動，於是你可能會下意識「找事」，例如忽然挑別人毛病，或是找人吵架再和好。這時請務必問問自己這樣做是不是符合邏輯，不然你很可能常常往外看，給自己製造麻煩。

　　當人生不順時，你可能對未來有不安全感，甚至產生很大的恐懼，讓你更不想規劃未來、更沉迷於當下的享樂。

　　你非常重視邏輯，但其實你懂得同理別人，因此如果發展得好，你可能變成路見不平拔刀相助的俠客，比較會照顧弱小。但是當你沒有發展好或壓力太大，你可能得過且過，或是想要迎合、煽動別人，說得誇張一點就是「見人說人話，見鬼說鬼話」。

　　在壓力下，你也可能變得過於就事論事，對人際關係不耐煩，覺得不要拖泥帶水，因而給人「冷血」的感覺。

就好像你正在跟死對頭打架，忙著攻防，如果這時還要你揹著一個人、顧及別人的想法，你會覺得做不到，以免自己綁手綁腳的。

如果遇到一板一眼的人，每件事都規劃得鉅細靡遺再照表操課，你會感到很討厭。對你來說，這些人是難以溝通的老古板，不懂如何隨機應變，就算看到系統不正確，也寧願照著規矩來、犧牲正確性。

對於過度情緒化或是很容易難過的人，與其說討厭，不如說你有時不太懂為什麼他們會這樣。尤其是很容易被你的言語或行動刺傷的人，你可能不太懂為什麼他們這麼玻璃心。

但請想想，如果每個人每天都要挑戰所有的制度和規範，我們的社會如何約束傷人的行為，又如何讓大家覺得安全？有些事情無法臨時才準備，就像熱門的度假勝地不太可能臨時訂到房間，或是找人幫忙寫推薦函，也不是臨時經營人脈就能達成的。

靈活應變，也能欣賞循規蹈矩

　　因為你善於隨機應變，如果從小習慣這樣，可能變成龜兔賽跑裡的兔子。例如小時候被老師叫上臺演講，你沒有準備，一上臺還是可以講得很好，久而久之可能覺得「自己不用準備也可以見招拆招」。但請想想看，你沒有準備就常常能表現 80 分，如果事前多一些準備，可能就提升到 90 分、100 分了。

　　所以，事先的準備與規劃對你還是很有幫助的，能讓你有更扎實的能力，日後得以發揮更大的潛力、靈機應變得更好。假如忽略了這點，你可能容易流於表面功夫，格局做不大，變得只能求生存，不能走到更高的境界。

　　當然，你規劃的時候不一定要規劃得很死、把每個細節都定得很清楚，你可以規劃大一點的檢核點、里程碑，讓你知道往哪個方向走，避免隨波逐流。

　　另外，我建議你多多發展邏輯，做完一件事情後反思一下，回想當初期待發生什麼事情、實際狀況又是如何、

哪裡跟自己的想像不一樣，並進一步思考原因何在、未來可以怎麼做。

你的觀察力非常強，所以可以看到別人沒看到的那一瞬間，譬如老師皺眉頭、爸爸憋笑的那一秒。在這樣的特質下，如果你還沒辦法好好發展邏輯，你可能就算看到一些狀況，也沒有應對措施。

但是長大後，你要記得，就算看得到別人當下的狀況，也不一定要浪費力氣去應對。你可以先想一下「什麼對自己比較重要」、「自己想要什麼」、「這樣反應對自己有沒有幫助」，想過之後，可能會發現有些情況可以順勢發展或是當做沒看到。

你比較容易看到感官當下接收到的問題，比如說某人跟你講話時很負面，或者你看到某人發脾氣，就覺得他們的脾氣很糟，但這些其實都只是問題的表象，實際的根源需要挖得更深一點才能知道。

例如，說話負面的人是否成長環境比較辛苦，讓他們常常感受到事與願違？或是他們的父母也用這樣的方式對

待他們？發脾氣的人有沒有可能是一時的情緒（也許剛剛跟人分手），而現在的狀態其實跟他平常有很大的落差？在下定論之前可以多想一些，這樣也能加深你對自己跟他人的了解。

　　如果你發現自己在工作時開始有些煩燥不安，我建議你做些運動，或試著一心二用，例如一邊走路一邊用電話開會，或是一邊做伸展運動一邊聽歌、看書，這樣或許反而可以讓你更專注一些。

　　最後一個提醒就是，只要多一些同理心，你的人際關係也可以很好。也許你容易疑惑為什麼別人這麼煩，一直要挑毛病或發脾氣，但你要理解，對很多人來說，隨機應變跟沒有規劃是壓力的來源。因為你太靈活了，讓人感覺像一匹不受控的野馬，不按牌理出牌，於是會讓一些人很緊張。

　　完整的 ESTP 願意持續提升自己、學習分辨哪些事情需要提前準備，同時也能了解界線，看出哪些時候有必要

「奉公守法」。這樣的你，將能找出適合靈活應變的灰色地帶，進而展現 100% 的實力。

你帶給世界的禮物

"冷靜靈活，能主動出擊，又能快速接招"

\# 活在當下

\# 觀察入微

\# 耳聽八方

Chapter 6

IN_J
從內在邏輯看到未來趨勢

在《聖經》中，諾亞聽從上帝的話，
蓋了方舟，帶著所有物種躲避了災難。
當 IN_J 成為完整的自己之後，他們就是現代社會的諾亞。
他們將能預見問題，在別人措手不及的時候伸出援手；
他們也能活在當下，
不會只想著未來要去哪裡找水救火，
卻連家裡都燒光了還不自覺。

IN_J 和你有幾分像？

你在 35 歲之前……

☐ 有時會先知道什麼事情該做，之後才知道原因是什麼。

☐ 常有靈光一閃的時候。

☐ 做事情比較會先想到未來的可能性。

☐ 傾向有計畫地生活，但受不了一成不變的工作。

☐ 能跳脫自己的思考框架來理解別人的想法或是看到未來的可
能性。

☐ 比較不會活在當下。

☐ 有時會沉浸在思緒中而沒有察覺當下發生的事情（沒聽到、沒
看到等）。

☐ 傾向從反思或獨處中獲得能量，如果獨處的時間太少，會覺得
虛脫。

※ 如果你想初步「探索」INTJ ／ INFJ 有多符合你，可以參考以上敘述與你相符的程度。
但請務必注意，以上並非 MBTI 官方的正式評量，千萬不要以此「認定」你的人格類型。

　　IN_J 常常因為自己像先知而嚇到自己或別人，準確
程度讓人誤以為他們偷裝了監視器。但是為什麼會這樣，
IN_J 年輕時也無法解釋，就是有種很強烈的感覺。

　　當 IN_J 告訴別人他們的直覺時，如果是好的，大家
會感激他們。但如果是不幸的，那麼大家要不是覺得他烏
鴉嘴，就是覺得被詛咒，總之，都會讓 IN_J 很難過。也
許因為這樣，IN_J 久而久之不太願意分享看法，讓人更
難理解他們為什麼做出某些決定。

　　IN_J 深信自己看到的未來是必然的趨勢，只是時間
早晚的問題。因此，他們的所作所為都是在替未來做準
備，不管是為了事業發展，或是日後協助別人療傷，所以
他們常常可以在別人措手不及時伸出援手。但是 IN_J 忘
了「吸引力法則」——也就是你愈關注的事情愈容易發
生——因此有時事情會發生，並非他們的直覺命中，而是
他們自己創造出來的結果。

從直覺看到未來的圖像

　　IN_J 很容易活在自己的頭腦裡面，不斷消化自己觀察到的所有事情之間的連結以及大局的樣貌、世界的規律，例如「A 會讓 B 發生」、「B 會讓 C 發生」，同時思考可以用什麼理論來解釋。當 IN_J 充分發揮特質時，就可以發展出很多論述，甚至預測未來的事情。

　　IN_J 聽到別人說話，會多想背後的意義是什麼，所以很容易看懂一些符號與象徵，講話也喜歡用比喻。例如很有名的《達文西密碼》（*The Da Vinci Code*）就比較像 IN_J 會喜歡的書。因為 IN_J 的這些思考都放在心裡，所以其他人比較難理解他們在想什麼。

　　IN_J 如果沒有持續探索、擴充直覺，可能會卡在比較狹隘的想法中，只能看到小幅度的規律或趨勢。例如我們玩連連看，總要有夠多的點，連成的圖像才會清楚。如果只有三個點就硬要連成圖像，結果就會比較簡陋。

　　當他們還沒有發展得很好就過度信賴直覺時，可能押錯寶，浪費很多資源做錯誤的準備。如果有了幾次這樣的

經驗，他們可能不再相信直覺，轉而過度仰賴大家的說法，什麼事情都要再三詢問，或是過一天算一天，完全不替未來做規劃。或者，他們會走入另一個極端，即使所有線索都指出他們的預想並不實際，他們還是繼續抓住自己的夢，不願意放手，只是覺得時間未到而已。

別人從外面可能看不懂你

　　IN_J 因為在內心消化資訊，從外面看不出來，可能顯得表裡不一，常讓人摸不透，所以大家對他們的投射反差很大。例如，整個人看起來很文靜，適合按部就班的生活，卻有一顆靈活有創意的心；抑或是看似很有創意、很靈活的人，卻異常希望有確定的時間表與工作架構。

　　不管 IN_J 的表象是什麼，都必須多多培養溝通能力。不論是書寫或談話，都要能夠清楚表達自己，讓大家可以理解，不然很可能被當作瘋了。

　　雖然 IN_J 兩種類型的性格主軸都是能看到未來的可能性，但他們的表象可能差個十萬八千里：INTJ 可能看

似冷漠，INFJ 則看起來溫暖又友善。但不論如何，他們都有強烈的直覺，也很能夠專注去看未來的可能性。

想著找水，但家裡已經燒光了

IN_J 可能太專注在頭腦，加上內在的資訊太多，需要長時間獨處才能消化並做出連結。如果沒有特別提醒，他們對於身體感官所蒐集的資訊通常都不太敏感，對於這方面的反應也比較慢；他們也可能不相信感官獲得的資訊，尤其是當這些資訊跟他們內在的圖像或感受不同的時候。所以，IN_J 有時會忽略一些外在訊息而令人驚訝。

就算別人看到 IN_J 的特質，也很欣賞，有時仍可能因為他們沒有活在當下而感到困擾。正所謂遠水救不了近火，IN_J 一直想著去哪裡找水，但是在找的過程家裡都燒光了還不自覺。

當 IN_J 壓力大而被觸發時，可能大吃大喝或沉迷於一些身體的欲望，也就是放縱自己，或是完全跟自己的身體切斷連結，像是專注在研究而好幾天不吃飯。

現代社會的諾亞

　　IN_J 的學業發展通常還不錯，他們不需要做中學就可以透過念書或看影片來連貫所有資訊、舉一反三，所以在一般東亞的教育系統裡，IN_J 往往從小功課都不差。

　　對他們比較困難的可能是需要透過感官學習的東西，例如跳舞、開車等，這並不是說他們不能做得很好，若他們看到這項技能是未來必備或可以帶來機會，一旦將此定為目標，他們會卯起來學，最後可能比容易上手的人還強。

　　IN_J 的成功圖像就是多了解自己直覺的來源，也透過邏輯來了解為什麼自己會有這些想法，並以過去的經驗來檢視自己預估能力的準確度，在「過度相信直覺」與「根據既有資源推導結論」之間找到界線，再運用自己的能力來協助團體替未來做準備。

　　在《聖經》中，諾亞聽從上帝的話，蓋了方舟，並帶著所有物種躲避了災難。當 IN_J 發展得好，他們就是我們現代社會的諾亞。

致 INTJ：
「讓別人聽得懂也是一種智慧」

● INTJ 是最符合你的類型嗎？

☐ 你偏向用思考邏輯做決定。

☐ 你會從宏觀的角度看事情，能迅速看到新資訊跟整體之間的關係。

☐ 無論權威或大多數人的意見如何，你都相信自己的洞察力。

☐ 你覺得例行性工作會讓你的創意窒息。

● 身邊的人可能這樣形容你

☐ 謹慎	☐ 勤奮	☐ 邏輯清楚	☐ 深思熟慮
☐ 有條不紊	☐ 沉穩	☐ 冷漠	☐ 喜歡獨處
☐ 強勢	☐ 自以為是	☐ 有遠見	☐ 有洞察力
☐ 有創造力	☐ 喜愛思考	☐ 想太多	

※ 如果你想初步「探索」INTJ 有多符合你，可以參考以上敘述與你相符的程度。但請務必注意，以上並非 MBTI 官方的正式評量，千萬不要以此「認定」你的人格類型。

　　《哈利波特》最讓我心疼的角色就是石內卜。這位一直到最後一集之前都是反派的人物，最後讓我們發現他其實是深情又受傷的靈魂，為了自己所愛的人，一直透過自己的預知能力來做「正確」的事情，包含保護哈利波特這些他不喜歡的人。

　　另一位可能的 INTJ，就是美國著名影集《怪醫豪斯》（*House*）的主角豪斯醫師。他的人設是以偵探福爾摩斯做為雛型，而他最厲害的地方就是看到一個病人的症狀，可以很快預估接下來會發生什麼狀況。如果他預測對了，就代表他了解病人得了什麼病。

　　他的舉止像福爾摩斯一樣「無禮」，因為對他來說，治好病人最重要，禮節根本不算什麼，他也不在意別人是否喜歡他。

特質 看見趨勢，默默替人預做準備

你善於看到未來的趨勢跟可能性，並能想出如何達到未來的目標。如果你可以把心裡已經成形的想法、理論、預測，用有邏輯的方式告訴別人，讓他們也看得到你所看到的未來，那麼你會成為大家所尊崇的先知。

當你可以專心研究感興趣的題目、探索未來的可能性，並利用你的整合能力做一些嘗試來確認自己的論述，或是可以為未來的趨勢預做準備，都能讓你走入心流狀態。

你是比較內斂的人，所以給愛的方式不太明顯，很多時候不夠了解你的人可能感受不到你的付出，或是把你當成沒什麼情感的人，但其實你很願意為所愛的人付出（你很挑，所以真的愛的人不多）。你可能只願意跟對方分享心裡話，或是透過對未來的預測為他做一些準備，例如只跟你愛的人說你對經濟趨勢的分析，或是根據這些預測先幫他做一些投資。

　　不過，因為你的預測並非每次都準，加上你的付出往往都需要時間才能看得出來，所以如果沒有相處一段時間，對方可能感受不到。

　　你不是社交活躍或喜歡談情感的人，但如果真的碰到知己，聽得懂你的話，也懂得欣賞你，你其實是可以釋放情感的。但是在碰到這樣的人之前，也許小時候遭遇了太多挫折，於是你選擇把門關起來，再加上可以完全理解你這樣思維的人並不多，導致很多 INTJ 的朋友很早就理解「伴侶」可遇不可求。

關卡 說不清楚，好構想也變成空談

　　你可能過度相信直覺，覺得自己已經深思熟慮了，或是你的直覺絕對沒錯，應該加以應用；或者，你覺得自己的信念大過一切，例如，堅持「我要改變世界的媒體！」的想法。於是你的心態會變成「我不管其他人怎麼想」、「其他人的意見其實不重要」，認定「重要的是我要做對的事情」、「反正這是對的事情，我應該做」、「對的事情應該就是這個樣子」。

　　因為你比較看大方向，可能忽略一些重要的細節，尤其是當你已經有一些成功的經驗時，可能更聽不進去別人的建言，最後才發現現實跟你的想像差很多，因而犯下令人訝異的錯誤。

　　例如，在我們看來聰明絕頂的馬斯克，他併購推特後，一心急著打造理想的社群媒體，做了一連串令人傻眼的決策，像是把重要人士開除，之後才發現他們不可或缺，只好重新招募回來。

　　你可能變成完美主義者，對自己和別人吹毛求疵，覺得大家都應該做「對」的事情，當別人沒做到，你就覺得：

　　為什麼你沒有做對的事情？
　　為什麼別人看不到我所看到的？難道大家都這麼笨？
　　大家為什麼會做這麼奇怪的決定、說這麼白目的話？

　　你可能因為這樣的感受而被人傷到，甚至選擇遠離人群；或是變得憤世嫉俗，覺得「好啦，反正大家都是愚

民，聽不懂我在講什麼，那我做我該做的事情、講我該講的話就好了」。

　　但是當你沒有好好訓練表達時，別人真的看不到你其實是很棒的預言家，反而可能覺得你像瘋子，一直講沒有人聽得懂的東西，就好像在馬路上告訴大家未來可以在火星做什麼或是世界末日要到了。

　　再來，如果你沒有培養執行力，就算有很棒的構想（例如你發現做某某生意一定會成）也無法落實，容易變成空談。

　　在壓力下，你可能過度在意一件事情跟你的核心價值有什麼連結，變得鑽牛角尖，或是可能完全忽略自己的感受，只專注在你覺得應該做的事情。

　　例如你是產品研發／設計者，在壓力下，你可能過度執著在自己的信念（例如產品必須環保），不去看這樣可能增加的成本，抑或是完全放棄自身理念，只根據成本來設計一個沒有靈魂的產品。

你可能討厭別人沒有考慮未來的可能情況，導致做事情出差錯。對你來說，做決定怎麼可以不看看未來的趨勢、考量世界的變化呢？因此，你也可能受不了墨守成規的人，覺得他們無法變通、無法走向未來。

對於很活在當下的人，你可能又羨慕、又討厭。你羨慕他們好像可以把所有問題單純化，享受每一分鐘，同時你又覺得這些人以後怎麼辦，都沒有替未來做規劃。

但是，這些人也有值得欣賞的地方。就像小村落的井水漸漸枯竭了，一定要有人出去外面找水源，但也不能每個人都出去找，每天既定要做的事情還是需要有人處理。

另外，人類的生存也非常需要活在當下、仰賴自身感官來做決定的人。這些人可能嗅覺敏銳、可能肢體反應快，或是可以眼觀四面、耳聽八方。我們每個團隊都需要這類型的人才能生存，讓你可以安心規劃未來！

提醒　當個月亮，在暗夜中照亮大家的路

也許因為你常常可以預測到未來的趨勢，因而容易獲得成功經驗，使你被完美主義綁住。你可能覺得要把未來

的事都想得很清楚，才能跨出第一步，變得無法付諸行動，深怕自己失敗、做得不對。但如果不跨出那一步，你又怎麼知道你對未來的預測是否正確呢？所以你要把失敗當成你計畫的一部分，這樣就不會被自己的完美主義綁架。

你也要記得，空有完美的想法並不足夠，執行力也需要練習。有時在你腦中演練的事情會跟落實執行有落差，而這些落差只有透過經驗才能夠領悟。

有時你太活在未來跟所有的可能性之中，卻沒有專注在當下，所以你可以嘗試打坐、瑜伽、品酒課，或是一些需要即時反應的運動，藉此開發你跟肢體與感官的連結。

曾有 INTJ 的朋友留言給我，提到他希望做一個小太陽，卻做不到。我要說的是，不需要強迫自己去做跟自己完全不一樣的人，就像你不能把仙人掌種在水裡那樣。你的天賦是內在思考與細膩的觀察力，因此可以做預言家，幫助別人未來不要受傷。所以，也許你不像太陽那樣熱情，但與其做太陽，你可能更適合做月亮，在黑暗中當一盞明燈，照亮大家的路。

　　完整的 INTJ 可以看到未來的可能性，也理解必須活在當下才能隨時觀察到趨勢的改變。你會將自己的信念與感官獲得的資訊列入研究未來可能性的考量，同時開始訓練表達能力和整合執行力，讓你可以清楚跟人溝通自己看到的願景。你也不會在討論理論時斤斤計較、陷入細節的黑洞（像是應該用哪個專有名詞才精確），你會記得為什麼要討論這件事，並專注在大局上。

你帶給世界的禮物

" 綜觀全局，從連結中洞察世界趨勢 "

前瞻性

理智

預測力

致 INFJ：

「不要忘記留一點大愛給自己」

● INFJ 是最符合你的類型嗎？

☐ 你傾向用自己的價值觀來做決定，也忠於能體現你價值觀的人或組織，對價值觀不同者較不感興趣。

☐ 你追求生命的意義、人與人之間的連結，你善於站在別人的角度去了解別人，但不太理會跟他們內心無關的細節。

☐ 你很會運用符號跟比喻，心裡常發展出許多複雜的構想和見解。

☐ 你很能與別人共感，就算是不熟的人或是別人刻意不想讓你知道也一樣。

● 身邊的人可能這樣形容你

☐ 有大愛　　☐ 不拘小節　　☐ 有見解　　☐ 有創意

☐ 理想化　　☐ 敏感　　　　☐ 敏銳　　　☐ 慢熟

☐ 有同理心　☐ 真誠　　　　☐ 謙遜　　　☐ 順從

☐ 神祕　　　☐ 很好的聽眾　☐ 外冷內熱

※ 如果你想初步「探索」INFJ 有多符合你，可以參考以上敘述與你相符的程度。但請務必注意，以上並非 MBTI 官方的正式評量，千萬不要以此「認定」你的人格類型。

　　在《哈利波特》最後一集，哈利與好友榮恩因為鄧不利多留給他們的遺物，得以克服重重難關，也讓他們在衝突後可以和解。因此，大家對於鄧不利多的先見之明都嘖嘖稱奇，而這正是 INFJ 的獨特能力。作者羅琳也曾經告訴大家他自己就是 INFJ，也許因此更能同理每個角色的情感，也才能有這麼強大的想像力，寫出《哈利波特》這樣的經典小說。

　　另外，著名的迪士尼卡通《冰雪奇緣》中的艾莎也有 INFJ 的特質。他因為自己的能力而不小心傷了妹妹，所以選擇將自己關起來，跟自己愛的人隔離。我猜他除了害怕再次傷到別人之外，也無法承受看到別人的悲傷。

　　他在經典歌曲〈Let It Go〉唱出他要放下，放下在意其他人要對他說什麼，放下自己的恐懼，不再讓恐懼控制自己……。這首歌這麼受歡迎，不只是因為旋律，也是因為歌詞讓許多人都有共鳴，尤其是 INFJ，這應該成為 INFJ 的代表歌曲。

特質　別人不用說，你就懂了

你可以很快看到未來的可能性，因而有很強烈的「直覺」；你也對別人的情緒非常敏感，特別在意大家的溝通與和諧。不過，與其說你很在意身邊人的感受，更貼切的說法是你會不由自主被別人的情緒影響，所以你希望大家不要有太多的負面情緒。

INFJ 的你跟 ISFJ 比較不同。ISFJ 對自己所愛與關心的人比較有這種敏銳度，但是對你來說，可能連路人甲都可以影響你。如果你是更敏感的 INFJ，甚至走進一個房間，就可以感受到之前在這房間裡的人的磁場。

你常常可以透過一對情侶的細微動作來推斷他們以後會如何、會不會分開；或者你可以透過老闆講的一句話，連結到未來整個團隊的氛圍會變成什麼樣。這是因為你從小就在觀察與連結，比方說小時候肚子餓了，聞到媽媽的味道之後喝奶，你的心情就會平靜，於是你發現媽媽的味道可以跟心情平靜產生連結；或者，當媽媽跟朋友聚餐

後，心情會變好，你做錯事比較不會被罵，你就記得「媽媽聚餐後，我會比較開心」。

　　你慢慢在心裡一層一層累積了很多這類連結，變成你的直覺，你也很難向其他人解釋為什麼這樣推斷，就是說不上來。

　　雖然你有滿強的執行力，但你必須找到跟自己核心價值有連結的事情。你不太喜歡每天做固定的事，這會讓你難以發揮創意、無法運用直覺，因而覺得很壓抑。如果一件事情讓你覺得沒有價值，或是太市儈、太俗氣，你其實也不屑去做。

　　當你可以好好運用你看到的未來與趨勢來幫助其他人免受傷害，或提升別人、教導別人，這會是你的心流狀態。所以像是當老師、心理諮商師或是公司的人資，這類活動都可以運用你的才華，都會讓你處在很舒服的狀態。但有一點要小心，如果這樣的工作有太多跟人直接的連結，你可能需要設一個界線，不要讓自己或其他人越界，不然你可能從心流狀態直接淪為被負面情緒淹蓋。

　　INFJ 因為有可能事先預料到一些狀況，所以他們會為愛的人先做準備，或是提醒他們，希望他們不要受傷。比方說，你看到朋友跟某人交往不是很好，你可能會告訴對方「你們不應該在一起，因為個性不合，未來會走不下去」，雖然你的預料通常是對的，但是你愛的人當下可能覺得很不舒服。

　　你也可能因為常常說了人家也聽不懂，所以對於你愛的人，你就直接有所動作，但是不說原因，就像鄧不利多只把遺物留給哈利，卻沒告訴他怎麼用一樣。

關卡 助人過江的泥菩薩

　　如果你沒有吸收更多知識、讓自己有更多的人生經驗，你可能會把自己侷限在比較小的格局裡面，看不到更大的局勢。例如你可以預見某一對你關心的情侶如果再吵下去，會面臨分手的結局，但你沒有足夠的人生歷練，不知道他們兩個並不適合彼此，或是分手可以讓他們成長，你就可能陷入為他們擔心的焦慮中。

　　你希望幫助別人，但是若壓力太大，你就可能是泥菩薩過江，自身難保。也許你看到了局勢，用盡全力確保別人安全不受傷，卻犧牲了自己；或者，你的表達方式不是別人可以接受的，變成好像熱臉貼冷屁股：你一直想幫助別人，別人卻覺得你是二百五、很雞婆，又沒有要你幫忙，幹麼過來，這時你就會受傷。

　　當你碰到挫折時，可能覺得「反正大家都不曉得我在想什麼」或是「大家都不理解我」，於是走入太邏輯的思考，完全不講情感。就像艾莎不小心傷了妹妹之後決定把自己關起來，寧可變成冷冰冰的人，也不要再讓自己或別人受傷害。

　　你非常關懷愛護別人，甚至會把別人的需求放在自己的前面。因為你太能夠同理，是非常好的聽眾，因此別人對你訴苦，即使你們個性不一樣，但他往往只要講一兩句話，你就全都懂了，還能感同身受。

　　也有人說 INFJ 走到極致可能像是會通靈一樣，人家可能質疑「你怎麼會知道我心裡在想什麼，你是不是偷看

我的日記」、「你到底為什麼知道我這麼多事情」，所以你也許會把這樣的天賦藏起來，不太願意告訴別人。

　　此外，因為你有可能比你愛的人還更難過，導致有些人為了保護你，反而不願意把問題告訴你。

　　當你年紀還小，有時你也搞不清楚這些情緒是從哪裡吸收來的，或是不知道為什麼自己的心情會忽然變得這麼差；也可能你知道原因，但還不了解如何釋放壓力。這時你會滿辛苦的，因為你很快就看到別人的需求、別人在難過什麼、又是什麼原因讓他難過，你隨時扛著身邊所有人的負面情緒，可能會吸收太多而虛脫。哪天忽然莫名爆發，你會痛苦萬分，覺得沒有辦法再待下去，其他人則困惑你這個人怎麼了，或是覺得「難過是當事人的事，你只是旁觀者，幹麼這麼心急、這麼激動」。

　　當你承受不住時，也可能過度理性分析。你變得不談感情，一切都照邏輯走，一就是一、二就是二。但這不是你的本性，你比較像是因為怕痛，乾脆自斷手腳，讓自己比較不會受傷。這讓你沒有辦法發展成最完整的自己，無

法把自己的天賦帶給這個世界。

　　雖然 INFJ 好像有著大地之母的大愛（有人認為耶穌基督也是 INFJ），但還是有可能看不太過去一些人的所做所為。你可能最難理解非常活在當下的人，明明知道會受傷，或是所作所為可能會傷害身邊的人，卻還是一意孤行。你也可能羨慕或討厭少根筋的人，覺得這些人挺白目的，不是看不懂人家的臉色，就是根本不在乎。

　　但請想一想，如果每個人都太有同理心，太容易被其他人的情感牽絆，那麼我們就會處在一個「情緒勒索」的社會，大家都因為擔心負面情緒而不敢有所作為、突破現狀、展現自己，這樣的社會就可能無法進步。

提醒 先穿好自己的救生衣

　　我知道你是很有愛的人，也可以理解你承受了多大的情緒壓力，因為我可以想像，如果所有人的情緒都會被你不由自主地吸收到身上，這會是多麼沉重的事情。

　　所以我建議你，先釐清自己的需求是什麼，把它顧

好，再學著找出界限，讓自己知道什麼時候快要爆了、沒有辦法再承受下去，這時就要懂得說不，適當拒絕別人，就算別人會難過也一樣。這就像是我們搭飛機遭遇事故，你要先穿好自己的救生衣，才能幫助別人穿救生衣。

請記得「從別人的狀態出發」，有些人還沒有準備好聽到事實，他們堅信自己跟別人不一樣，有能力改變一切。當別人沒有跟你求救時，就算你想幫忙，也要學會找到界限，判斷自己什麼時候要出手、什麼時候不要。這是你可以學習、發展的機會。

再來，我建議你，不要因為受了傷，就覺得「算了，我不要再這麼感情用事，我再也不要管其他人了」。因為這是你的天賦，你若不去使用它，你的人生也過得不圓滿。你也需要發展出排解情緒與壓力的方法，例如做瑜伽、打坐。就像水庫一直在蓄水，有時也要洩洪，不然一直累積，總有一天會溢出來。

　　你不太會主動講自己的需求，而是希望別人默默看到，如果別人沒有看到，你會很傷心，覺得自己不受重視。但我要建議你，其他人不一定是不愛你、不關心你，只是他們可能神經大條，不像你這麼心思細膩，有時候真的看不到你的需求，或是覺得「你想要什麼就說嘛，你講了我一定會做」。

　　所以，與其默默期待，不如試著大膽地把需求告訴對方，不要覺得丟臉。如果你提出來了，對方也做到，那就是雙贏；相反地，如果你講了對方卻不理你，你就知道這個人不值得再期待。

　　做瑜伽跟打坐可以讓你跟感官產生更多連結，也學著活在當下。你也可以做一些跳舞之類的運動，一則抒發情緒，二則讓身體分泌快樂賀爾蒙。你也可以在每天早上跟別人相處前，先冥想身旁有著像保護膜一樣的光把自己圍住，透過這樣的方式來保護自己、劃清界線。

　　完整 INFJ 可以照顧好自身情緒，也懂得找尋快樂，

知道什麼時候可以運用自己獨特的功能來感受別人的需求、看到世界上的不幸，進而更有效地幫助他人。這樣的你，也懂得什麼時候需要排解累積的情緒，不會犧牲掉自己，讓自己可以更長久地做喜歡的事情。

你帶給世界的禮物

> "" 看懂隱喻，感受到大家隱藏的情緒 ""

共情

同理心

大愛

Chapter 7

EN_P
天生內建強大的雷達

EN_P 追求外在的可能性，
喜歡透過嘗試不同的事物來學習。
他們天馬行空的創意固然很棒，
但如果要落實執行，必須回到地球本部，
學習如何從頭到尾完成一件事。
唯有這樣，EN_P 才能提出更有可能順利推動的方案。

EN_P 和你有幾分像？

你在 35 歲之前……

☐ 傾向看大方向、大局、趨勢跟規律，不那麼注重細節。

☐ 透過嘗試新東西來了解自己，所以有時候會覺得自己太過容易放棄。

☐ 傾向從外在世界或與他人的互動中獲得能量。

☐ 可能可以透過別人的行為和習慣來預測他未來的可能發展。

☐ 做事情傾向靈活應對，較不傾向擬定計畫再按部就班執行。

☐ 比較擅長創造新的做事方式。

☐ 有時可以在死局中看到大家沒發現的機會。

☐ 比起井井有條的環境，你覺得自己在混亂中更有精神與能量。

☐ 因為你覺得每次都有新的可能性，所以不太喜歡回顧過去，可能因此犯一些曾經犯過的錯誤。

☐ 比較排斥被時間跟空間框架住，會有叛逆的表現或想要逃脫。

※ 如果你想初步「探索」ENFP／ENTP 有多符合你，可以參考以上敘述與你相符的程度。但請務必注意，以上並非 MBTI 官方的正式評量，千萬不要以此「認定」你的人格類型。

　　EN_P 像是從小喝提神飲料長大一樣，天生擁有很強大的雷達，而且永遠對外全開，也不帶過濾器，因此可以一次接收到很多不同的刺激跟訊息，常常能看到需要改變或是可以更好的地方。E 傾向的 EN_P 也可以很快對這些需求做出反應，如果長期練習，這方面的能力更為明顯，尤其是在「亂世」之中特別吃香。

　　EN_P 擅長透過探索外界、與外界互動來激發學習動機，所以待在家裡「好好念書」對他們來說相對痛苦。他們的想法、創意總是很多，像遊樂場所那種打地鼠的機器一樣，一直不停冒出來，但這也讓他們容易分心。

　　EN_P 喜歡根據外在環境靈活應對生活，對於沒有外在刺激或是界線與架構太明確（不管是時間或空間的界線）的環境感到乏味，覺得自己像被關在籠子裡的鳥一樣，因而失去動力或有負面情緒。

嘗試過，才知道喜不喜歡

　　相較於其他類型，EN_P 比較不怕失敗，畢竟嘗試後失敗總比沒嘗試過好，對吧？這種特質常常受到較為保守的人所羨慕。這種「沒試過我怎麼知道」的方式也可能帶來困擾，因為 EN_P 很難用「想」的搞清楚狀況。可能覺得有些事情聽起來很棒而答應別人，頭洗下去後才發現跟自己的想像不一樣。

　　這時候他們只有兩個選擇：跟別人道歉，說明自己無法達到承諾，讓別人覺得他們不值得信任；但 EN_P 當然不想這樣，所以可能選擇編出很動人的謊言，讓別人可以接受自己的半途而廢，或合理化自己的選擇，維護自我價值。但如果 EN_P 常常這樣做，別人可能會認為他們「善於操弄」（manipulative）或喜歡硬拗。

　　如果 EN_P 的成長背景強調千萬不能背信，那他們可能每次答應後，就算中途發現不喜歡，也會硬著頭皮把頭洗完，並在這個過程中痛苦萬分。久而久之他們可能害怕

嘗試新東西，或是愈來愈懂得如何幫自己找藉口。

　　因為「做了才知道」，加上容易被外界分心，如果沒有定性、讓自己專注練習，EN_P 可能很難累積成就。不過，這也要看他們想達成的成就是什麼。是想要人生豐富，什麼都嘗試過？還是希望成就夠「大」？這一點要想清楚，才能擬定後續的策略。

喜歡變化，相信無限的可能性

　　EN_P 的反應很快，即使在混亂之中（像是忽然被點到名），也可以從容應對，因此有可能被高估了智商或情商。假如他們接受了別人的投射，可能因此承受一些壓力。因為 EN_P 只是反應快，能力卻不一定比別人強，所以他們有時可能擔心別人發現自己真實的樣子。此外，由於 EN_P 在很穩定的環境中比較不容易展現優勢，所以也可能被當作三分鐘熱度、有些浮躁、很機靈或有小聰明。

　　整體來說，EN_P 對於團體的貢獻可能被過度放大

（別人看到他們反應快，在大家亂成一團時可以迅速應對），或是被過度貶低（別人覺得他們不踏實，因為他們在架構清楚的組織無法遵守規範），導致年輕時的自我定位起伏很大，有時覺得自己超強，有時又覺得自己什麼都不會。

EN_P 可能已經挺幽默了，但對他們來說，學習幽默感還是滿重要的。因為他們常會提出一些跳 tone 的想法，慢慢便會發現，九成的人不像自己一樣喜歡改變或一直嘗試新東西，所以如果不用幽默感包裝想法，容易讓人產生反感、難以消化。

當 EN_P 看到未來的可能性時，可能不看重、也不太想理會那些從感官得到的資訊，也容易忽略曾經發生過的歷史。例如，明明某件事發生好多次了，但因為他們自己沒試過，可能很鐵齒覺得「那是因為別人能力沒有我好」，或是「現在狀況不一樣了，說不定結果會改變」。

如果 EN_P 不幸沒有一次命中，他們的做法就會受到

自己和其他人的質疑；相反地，如果他們第一次就賭對了，可能會被捧上天。這兩個結果都需要小心，因為都會對成長有所阻礙。

火星很棒，但記得回到地球本部

　　EN_P 的盲點是「對當下的專注」，對他們來說，待在一個沒有辦法探索新事物的環境裡，每天重複處理當下一定要做的細瑣事情，會非常痛苦。因為 EN_P 喜歡新奇及探索可能性，也重視創意，並以自己的創新想法為傲，所以不太喜歡參考過去的做法，因此可能花了很多時間做白工。

　　EN_P 天馬行空的創意固然很棒，但如果要落實執行，還是必須回到地球本部。他們需要學習怎麼從頭到尾完成一件事，只有這麼做，才能了解真正要落實想法時會面臨的挑戰。這讓 EN_P 未來可以提出更可行的方案，另外也讓 EN_P 看到、欣賞善於執行的人的價值（他們可能常常因為人家反應慢而嫌棄人家）。

與其蹲在家空想，不如起身嘗試

曾有人向巴菲特請教成功的祕訣。他說，先列出你的前 25 個目標，再從中挑選前 5 名。剩下的 20 個目標，即便你仍然認為很重要，但那些其實就是你不准做的事。如果要成功，你必須專注在那 5 件最重要的事情上。

我猜要 EN_P 鎖定 5 件事情可能不容易，所以我建議 EN_P 多嘗試。與其蹲在家裡絞盡腦汁思考「到底要選哪 5 件」，倒不如花些資源去嘗試這些事情。別人可能會跟 EN_P 說這很浪費時間、浪費錢，但是相信我，這花的時間絕對比用空想來得少，結果也更準確。

Google 有一句名言：「如果行不通，盡早失敗比較好。」（fail fast）這種「早死早超生」的方式很適合 EN_P。EN_P 需要透過多看、多做、多嘗試來探索自己，了解自己真的要什麼、是什麼樣的人。嘗試之後就整理一下經驗、記取教訓，再往前走。

當 EN_P 沒有資源一直嘗試時，請善用自己的好友跟

想像力。EN_P可以用說故事的方式想像自己已經開始做這件事，然後請朋友（或是自己想像）說出可能碰到的問題，透過這種情境劇來思考自己是否喜歡這件事。

　　EN_P在選擇退出、轉行之前，可以多問問自己：「我是因為碰到瓶頸而想要放棄，還是我真的不喜歡這件事情？」

致 ENFP：
「不是三分鐘熱度，探索是你的天賦」

● ENFP 是最符合你的類型嗎？

☐ 你喜歡探索符合自己價值觀的事物。

☐ 你最期待依照自己當下的心情來嘗試不同的東西，不要受到太多
限制。

☐ 你的心情有時會有較大的擺盪，但是你也不太清楚為什麼。

● 身邊的人可能這樣形容你

☐ 熱情	☐ 外向	☐ 自動自發	☐ 多變
☐ 衝動	☐ 風雲人物	☐ 樂於探索	☐ 喜歡交朋友
☐ 情緒起伏大	☐ 難以捉摸	☐ 沒耐心	☐ 善變
☐ 三分鐘熱度	☐ 富有創造力	☐ 需要被即時肯定	

※ 如果你想初步「探索」ENFP 有多符合你，可以參考以上敘述與你相符的程度。但請務必
注意，以上並非 MBTI 官方的正式評量，千萬不要以此「認定」你的人格類型。

金庸小說中的郭襄出生在當時社會上有名望的家庭。他的父母郭靖、黃蓉等於是當代的英雄，所以他大可以像姊姊一樣在家裡安全地當個千金小姐。但是不安寂寞的他，偷偷離家去冒險。他喜歡認識新朋友，心中也沒有什麼階級之分。這位令父母擔心的小丫頭在闖蕩江湖多年後，創立了峨嵋派。

雖然小說沒有描述他老年的模樣，但我們可以想像要創立一個武術派別，必須有些紀律跟架構，而這就是ENFP透過探索學習後變成比較完整的模樣。

另外，《海底總動員》的多莉可能就是誇張版的ENFP。多莉心地善良，但只有3分鐘的記憶，因此引導他的是信念和願意探索的心，這可說是用很極端誇張的方式呈現ENFP的特質。

特質 探索，需要大方向和空間

　　你可能是班上最皮的學生，或是公司裡最熱情、最願意嘗試的人，假如有新生或新人進來，你常常會熱烈歡迎對方，讓人覺得你很容易親近。

　　你很注重自己的想法和信念。比方說，你在外探索，有很多條路可以走，這時你會根據自己的信念或當下的感覺去判斷「什麼事情對我最重要／做這件事情我舒不舒服」，再找出適合自己的路。

　　如果可以給你一個大方向和一些範圍（範圍很重要，不然你會完全飄走找不到重心），但不要限制太細，讓你能不停對外探索，而這些探索又跟你的信念有所連結，你還可以多跟別人互動，再用邏輯分析互動得來的資訊，這樣你就能走入心流狀態。另外，你比較需要有一些冒險的機會。如果待在比較保守的地方，有很多侷限，或是不太能容忍失敗與犯錯，就會壓抑你的發展。

對於你愛的人，你可能會觀察他們喜歡的東西，再透過創意帶給他們驚喜，例如忽然飛過去探望分隔兩地的情人。因為你看到自己愛的人獲得驚喜，會有很大的喜悅。你對於愛的人也格外包容，很願意給對方空間做自己，也很有耐心陪伴對方。

關卡 就算有跑車，也不曉得往哪裡去

你喜歡嘗試不同的東西，可以從對外互動中找到刺激跟學習的動力。但是當你過度關注外界，不停嘗試新東西而沒有整合你的學習經驗，或是在嘗試前沒有想太多，可能花很多時間試了有趣的東西，卻跟自身信念沒有連結，於是做不久，也無法累積成果。

你通常很善解人意，善於透過探索看到別人的觸發點，比方說做了什麼會激怒對方，或是如何投其所好。但如果你太專注於讓每個人都喜歡你，你可能會很了解別人，卻忘了什麼才是對自己最重要的，然後某天突然疑惑，自己這麼做到底是為了什麼。

　　如果你沒有盡早了解自己的信念、開啟內在的指南針，你會像有一輛跑車，可以開到任何地方，卻不曉得要往哪裡去。在這樣的狀況下，你可能因為想讓別人喜歡你或是獲得社會的肯定，給了很多承諾，但踏出一兩步後才發現不是自己要的。結果就是，你可能得硬著頭皮實現承諾，完成之後很不開心，只想遠離人群；或者你會半途而廢，讓別人覺得很不可靠，答應了又不做。

　　你也可能因為從小受到成長環境的影響，或是因為宗教，變得過度堅持自己的信念。比方說你覺得對老闆要忠心、結了婚就不能離，就算你的處境不太好，或是外面有很多機會，你還是會堅持不動。

　　當家人、朋友一直告訴你「現在的狀況對你不好」、「你這樣堅持不合邏輯」，我建議你反思一下，自己的信念是不是開始阻礙了自己的成長。

　　在壓力下，你可能忽然不講感情，變得做事情完全以邏輯、效率為導向，只想著趕快把事情做完；或者，你也可能完全放棄邏輯，只在意自己有沒有熱情。

例如你是產品設計師，平常的你必須平衡產品的設計感跟實用性，但是在壓力很大的情況下，你可能完全不願意花時間顧及設計和美感，覺得只要在成本內，看起來醜一點也沒關係；或者，你會完全沉浸在設計中，覺得就算產品遲交或是超出預算也沒關係，只要它有獨特的設計感，就是個受肯定的藝術品。

於是，你容易在不同的情緒之間來回擺盪。因為你的情感其實非常豐富，當你一切都以效率為標準時，通常會很不開心；於是，你轉往另一個極端，完全讓情緒自由流動。但隔一陣子你又覺得這樣不切實際，想要把情緒收起來，再走回邏輯的端點。

對你來說，做事情一板一眼、按照 SOP 的人可能令你討厭。這些人不看重靈活反應，不但看不到你的長處，還可能侷限你的發展。你也不太欣賞一定要實事求是、沒有想像力、不太會看臉色的人，你可能覺得他們有些死板，常常搞得場面有點僵，讓氣氛不和諧。

不過，如果大家都在外面探索，每天都嘗試新東西、

都想發揮創意，誰來維持我們每天的生活秩序呢？如果每個人都重視自己的情緒跟感受，誰又能做出困難但必要的決定呢？

提醒 放下拖住你的完美主義

雖然你渴望自由跟感性，但其實你不是沒有理性，你同樣可以培養邏輯思考。當你完全忽略自己理性的一面，只想做個自由跟感性的人，其實你就沒有接受完整的自己，而是把一部分的自己切開來。這時你會投射在別人身上，常常覺得身邊的人怎麼都這麼理智、這麼沒有想像力，而且一直想要規範你。

建議你花一些時間獨處，獨處不只是耍廢，也要做一些反思。例如好好回想最近跟別人的互動或是一些事件，為什麼自己開心或不開心。多了解自己的情緒，你才能理解自己的信念。當你的指南針愈來愈清楚，你就不需要做了以後才知道自己想不想做；你也會慢慢找到平衡，既不會太壓抑情感，又不會過於放縱。

　　這樣一來，當別人提出要求時，你就能想一想這件事對自己有什麼幫助、是不是自己要的，也就比較可以在一開始好好評估要不要答應別人。你也要開始學習，對於跟你不相關或是你不想做的事情說不。一旦你懂得拒絕，就比較能專注在想做的事情上，也不會讓人覺得你容易變卦、不可靠。

　　另一個可以調整的則是「容易分心」的狀況。當外面bling bling的事物吸引你的目光時，你會覺得這個也好、那個也好，這種時候請記得把自己拉回來，專注在你的信念上面。

　　當你多方探索、蒐集資訊的時候，你可能頭洗下去才發現某件事情不適合自己，決定退出。比如說別人問你想吃披薩還是泡麵，你說披薩，等到真的吃了一口之後，你又說「我現在想吃的是泡麵」。由於你不吃那第一口，也不會曉得自己想要泡麵，但別人可能不知道這是你認識自己的方式，因而覺得你很善變。

　　如果只是影響到吃什麼，倒也還好，偏偏你交往時也

可能碰到這種問題。也許你自認很喜歡某個人，交往後才發現跟想像的不一樣，因而可能被認為「很快變心」，或是很容易就傷了別人的心。

如果遇到這種狀況，請不要把外面的評價放進心裡，變得過於自我批判。你可以學習不要太衝動，也可以嘗試管理其他人對你的期待，一開始就告訴對方你的狀況，這樣可能會減少你對於其他人跟自己的傷害。

關於三分鐘熱度，還有一個建議，因為你可能很多事情都想碰碰看，結果買了一堆運動器材、樂器，甚至是登山裝備、潛水裝備。請記得，每次想到一個新的興趣時，先不要急著花錢，而是去借這些器具來試試看，等過了 3 個月、6 個月還是喜歡再去買，這樣可以省下很多錢。

當然，生活中有些情況不是答應之後可以輕易退出的，例如婚姻、工作。我建議你試試冥想，比如說你覺得某個工作機會還不錯，可是很怕去了 3 天之後就想要離開，這種時候你可以先蒐集資訊，再透過冥想，想像第一天上班可能遇到什麼問題、同事可能怎麼對你，而你在那

時候的感受會是什麼、是不是真的喜歡。這樣就有機會避
免去了以後才發現不適合。

　　對於沒有截止期限的事情，你通常做得很開心，可是
一旦有了時間限制，你就會開始拖延。第一個原因可能是
你不清楚自己為什麼要做這件事。在這種情況下，你可以
試著先找出自身信念跟那件事情的連結，一旦搞清楚了，
就比較能在情緒上說服自己這件事是重要的，也就可以起
步了。

　　另外，你可能覺得期限是限制、很煩，這時先不要一
直想著什麼時候一定要做完，你會愈想愈拖延，反而你可
以先做做看。再來，你可能是完美主義者，很希望做出來
的東西讓人非常稱讚，所以你擔心做不到那麼好的時候就
開始拖延。你可以試試告訴自己「先求有再求好」，因為
如果一直想著做到完美，到最後卻什麼都做不出來，這樣
就是零分了。先把比較粗略的版本做出來，再慢慢改良就
行了。

　　你要慢慢學會愛自己、知道自己的好處在哪裡，你可以多做一些會增加信心的事情，比如說把某個技能學好。當自信增加了，你也能把專注力轉向內在，這樣就不會一直需要別人的注意跟讚賞。

　　完整的 ENFP 就像前面講的郭襄，成年後統整了小時候的探索經驗，並回顧過去所學。一旦理解了自己的信念，也提升了邏輯跟執行力，最終就能發揮自己的靈活性和人脈來實踐目標。

你帶給世界的禮物

"

興趣廣泛，勇於探索與嘗試的熱情

"

\# 衝勁十足

\# 好奇心

\# Just Do It

致 ENTP：
「慎選戰場，不要贏了戰鬥，卻輸了戰爭」

● ENTP 是最符合你的類型嗎？

☐ 你比較喜歡透過邏輯來做不同的嘗試。

☐ 如果有些時間或外在的壓力，可能讓你做事更有效率。

☐ 你可能常常覺得身邊的人不懂得變通或是反應太慢。

● 身邊的人可能這樣形容你

☐ 有冒險精神	☐ 友善	☐ 足智多謀
☐ 善於找資源	☐ 堅持己見	☐ 自我中心
☐ 聰明有餘努力不足	☐ 容易分心	☐ 虎頭蛇尾
☐ 追求新鮮感	☐ 同理心不足	☐ 容易說錯話得罪人
☐ 靈活	☐ 追求刺激	☐ 洞察先機

※ 如果你想初步「探索」ENTP 有多符合你，可以參考以上敘述與你相符的程度。但請務必注意，以上並非 MBTI 官方的正式評量，千萬不要以此「認定」你的人格類型。

　　看過《神鬼奇航》的人很難不被傑克船長的魅力所吸引。他總是不按牌理出牌，透過自己的臨場反應順利逃過一劫。

　　漫威的英雄鋼鐵人也是非常典型的 ENTP。他的成就來自於他對未來的想像，以及他勇於嘗試創新的想法。因為他的智商高（請不要誤解 ENTP 就特別聰明），所以碰到問題都可以迎刃而解。但有一點非常重要，他可以持續擴大事業，是因為身邊有很穩重的得力助理小辣椒，而且他也充分授權。

　　從這兩個人物可以看到，ENTP 如果能發揮應變能力，常常會是讓人又氣又愛的角色。

特質 壓力爆棚能讓你戰鬥力破表

你比較偏重邏輯跟正確性，常常要求準確度而不是速度。當你透過對外探索蒐集資訊之後，會分析那些資訊是否正確、有沒有符合邏輯，漸漸地你的邏輯會愈來愈清楚，更可以判斷什麼是真實或可行的，也愈來愈能預知未來、反應愈來愈快。

當你可以發揮好奇心，多去看別人，去摸索、研究新的東西和未來的可能性，再回來做分析，並想出更新穎的方案，這會是你的心流狀態。比如說公司碰到問題一團亂，你可以很靈活地看到外界有什麼線索，再拼出一個圖像，決定現在可以怎麼處理。跳出框架去思考，是你非常強的能力。

另外，你在壓力很大的狀況下，腦筋會快速運轉，比方說截止日要到了，需要馬上決定，而你平常可能只用了30%的腦力，這時就會突然暴增到60%，讓你的所有想像完全激發，因而進入心流狀態。有趣的是，你自己不一

定知道這點，因為經過了社會化之後，多數人不會說自己喜歡混亂的狀態，但其實你在那個問題的當下是可以全力發揮的。

　　你很不喜歡被限制或是給出承諾，但是對於自己愛的人，你願意遵守規範與流程，讓對方比較安心（這對於一般人可能頗容易，但對於 ENTP 真的有些困難）。例如，你喜歡臨時起意，可能臨時跟朋友約或是帶朋友回家，但如果你的伴侶或室友非常排斥沒有事先說好的約定時，你會花心思事先安排活動，或是就算臨時遇到「難能可貴」的機會，也選擇放棄。

　　你也希望帶給你愛的人一些他們沒有嘗試過的東西或是體驗，但你有時會忘記他們曾說過自己不太喜歡哪些事情。對於你愛的人，你也可以充分授權或是給他們空間做自己，對於他們犯的錯誤也會特別包容。

關卡 臨場反應太強，聰明反被聰明誤

　　你從小如果沒有太多機會探索，或是被照顧者認為太過投機取巧，你可能沒有花太多時間嘗試新事物，使你變得很叛逆，常常想著如何破壞規矩、偷偷探索；或者，你會遵守規範，但老是覺得空虛，做事提不起勁。

　　如果你沒有嘗試太多東西，或是太早就有些成功經驗，不曾好好思考自己做的事情長遠來說是否符合邏輯，那麼你可能會聰明反被聰明誤，自以為想得周到，或是太專注在臨場反應，結果做一些不適合你或身邊的人（你的團隊）的決定。

　　我記得以前考試，總是有同學很會猜題，「這次的出題老師最喜歡考這種」、「老師上次講這段的時候有特別多講一些，這一定會考」。我總是很佩服這些人，因為他們只抓重點，並不會把所有要考的範圍全都念完，所以雖然花的時間比較少，常常還是可以考高分。

　　不過，如果換個角度來看，學習的目的是把知識融會

貫通，而不是只用來應付考試，那也許這樣的同學就少掉了一些學習的經驗。

　　對你來說，跟團隊在一起時要說實話，還是跟著大家走，比較難拿捏。網路上常常喜歡形容 ENTP 為「辯論狂」、「槓精」，好像老是愛找架吵，但其實你在意別人的感受。雖然你有時跟別人辯論，看起來咄咄逼人、針針見血，但其實你講完以後還是會擔心有沒有傷到對方、對方會不會很討厭你。

　　當你沒有好好發展邏輯，或是壓力大的時候，你可能變得比較極端，不是豁出去直話直說，非要辯到底、爭個你死我活，就是完全壓抑自己的想法。比方說，你愛的人講出了不太符合邏輯的話，但你太過在乎對方的想法跟感受，怕一開口就傷到對方，便選擇不講出事實。
　　此外，如果你沒有好好鍛鍊邏輯，思考不夠清晰，可能做起事來有滿滿的熱忱，卻無法周全地解決問題。我曾經看過一個老闆，非常會社交，也是相當強大的業務，可

以把死馬講成活馬，所以常常接到很大的案子。當他接這些案子時，並不會考量公司實際的人力或時間、資源，只會考量可以帶給大家的名聲與利潤，所以常常受到很多執行人員的反彈，但是他又無法提出確切的對策，最後必須仰賴任勞任怨型的成員想出執行計畫，才順利解決問題。

　　讓你最受不了或不想面對的事，就是已經有傳統做法的事情。你容易覺得這些東西很沒有創意，可能質疑：「現在世界不停改變，就算目前用過去的方式沒有問題，但我們為什麼不去探索更好的可能性呢？」

　　再來，你也比較不願意專注於當下摸得到、看得到、聞得到的東西。也就是說，你可以很快擘劃出大方向、很快打下一片江山，但是後面收尾的時候，像是要寫細部執行計畫、安排分工，你就容易覺得無聊。這也是 ENTP 可能被誤解為虎頭蛇尾的緣故。

　　如果你在社會化的過程中被說成虎頭蛇尾，可能會逼著自己把細節全都做好。但與其學著處理細節，不如接受這就是你的狀態，不要給自己貼上虎頭蛇尾的標籤，而是

專注發展你的強項。

　　你可以試著管理其他人的期待，或是找個搭檔，讓他負責收尾。需要留意的是，這樣的夥伴雖然執行力比較強，又能穩穩掌握細節，但他可能也相對保守。如果你忘記抱持感激的心，可能會開始質疑他「怎麼這麼死腦筋」、「為什麼跟不上我的腳步」。一旦你把對方的特質當成缺陷，你的格局就沒辦法做大。

　　雖然網路上常常把 ENTP 講成壞人，但我完全不同意「哪一種類型就一定好或壞」的標籤化。我猜，ENTP被說成壞人是因為他們能很快看到風向改變，又需要做了以後才能理解自己的想法，偏偏我們社會往往喜歡像郭靖一樣「忠厚老實」、「專情可靠」的主角，所以 ENTP 比較容易被當成「出爾反爾」、「見風轉舵」。但對他們來說，這只是識時務者為俊傑罷了。

　　你可能最討厭反應慢的人，覺得他們常常聽不懂你的話、看不懂你的策略，還會嫌你不按牌理出牌。當他們執

著在你認為不重要的小細節或繁文縟節時，你覺得他們不懂得看大局；即使他們看到危機，也可能因為已經規劃好而不願意轉彎，讓你覺得很迂腐。

　　但就像剛剛提到的那位老闆，他嫌反應慢、常常跟他說「但是老闆……」的那些人，最後往往也是幫他想出可行方案並加以落實的人。所以，雖然你可能受不了這類型的人，但他們卻是你不可多得的互補人才。

提醒　放慢腳步，不是一天到晚都是亂世

　　你跟人對話時可能太講究邏輯，而且一定要分輸贏，或者，你會壓抑這一面，搞得自己好憋好難過。我建議你學習如何溝通，像是試著站在別人的角度，或是用比較不會傷人的方式提出想法。這樣一來，你就不會在兩個極端之間擺盪，要麼講到傷人，要麼什麼都不講。

　　請慎選戰場，不要因為一場戰役而輸了整個戰爭。你可能每次聽到人家講話有漏洞或不合邏輯就想要討論，但這其實也滿耗費能量的。你的最終目標是打下江山，不需要每個細節都跟人家爭辯或是查個水落石出，有時整體的

和諧對團隊或家庭更有幫助。所以，你需要取捨。

由於「亂世出英雄」的情況滿適合你的，你可能會下意識製造混亂，讓自己走入心流狀態。例如團隊已經無力承接新案子了，你卻忽然丟一個東西出來，堅持一定要做。然而，別人不一定跟得上你，這會使你有些焦躁。對於自己的這一部分，你要學著去看到、接受，否則你可能覺得怎麼每次都會碰到一團亂的狀況，需要你來收拾。

你也要知道，不是一天到晚都是亂世，所以應該學習如何在穩定的架構中找到一些探索或發揮好奇心的地方，這樣比較不會常常覺得「這工作好無聊」或「這個地方我真的待不下去了」。

再來，你可能過度自信，當你自認已經很厲害而沒有繼續對外探索時，你的策略跟遠見就會停在某個程度，沒辦法往上提升。

完整的 ENTP 知道團體生活一定要有些規範，也了

解每個人的需求和反應速度都不盡相同，因而懂得適時放慢腳步，讓身邊的人理解自己做決定的邏輯。這樣的 ENTP 也會尊重別人的想法和感受，不論別人是否跟自己相差很遠。如果 ENTP 能在太平時代遵守界線，同時繼續嘗試新的東西、累積知識，當事情進展不如預期或是需要開疆闢土時，就可以站上舞台，發揮最大效能。

你帶給世界的禮物

"挑戰不合理的框架，在亂世中帶來希望"

創造

愈戰愈勇

改革

Chapter 8

I_TP
重視邏輯與品質管理

I_TP 很容易看到問題，又會直說，
所以別人可能覺得他們很掃興。
I_TP 必須理解，有時人的情感會比邏輯更重要，
像是為了親人或愛貓而奮不顧身地衝進火場中。
只要 I_TP 看懂也不看輕這一點，
那麼大家勢必可以看到他們的重要性，
並願意追隨他們的腳步。

I_TP 和你有幾分像？

你在 35 歲之前……

☐ 比較在意事情的「正確性」。

☐ 傾向依照邏輯來做決定，比較可以跟自己的情緒切割。

☐ 傾向運用演繹推理，但用不用得好是另一回事。

☐ 當外界的資訊太複雜，你也許可以把感官關起來，到自己的世界中分析。

☐ 有時很疑惑，明明是很清楚的邏輯，為什麼別人聽不懂。

☐ 不太了解或不太欣賞為了團體和諧而不講實話的人。

☐ 有時寧可為了事情的精準度而放慢腳步，甚至錯過截止期限。

☐ 聽別人講不著邊際的情緒話語，會無所適從／想睡覺／靈魂出竅／厭煩。

☐ 比較能從反思或獨處中獲得能量，如果獨處的時間太少，會覺得虛脫。

※ 如果你想初步「探索」ISTP ／ INTP 有多符合你，可以參考以上敘述與你相符的程度。但請務必注意，以上並非 MBTI 官方的正式評量，千萬不要以此「認定」你的人格類型。

　　I_TP 就是「國王的新衣」中，大聲說出「國王沒穿衣服」的人。因為有他們，國王才知道被騙。但是，他們可能看不懂為什麼大家都不戳破謊言，也不知道為什麼說出事實會被討厭或排擠。對 I_TP 來說，為什麼人會做出這麼「愚昧」的事情，是一個他們無法理解、也不想理解的謎。

　　I_TP 想要了解事情的真相、世界的真理。他們追求的「真理」大到宇宙怎麼運行、黑洞如何產生，小至為什麼這個機器可以這樣運作等等，但通常跟人性或情緒比較無關。

　　I_TP 非常喜愛學習有邏輯、可證明真偽的事情，所以很多人會誤解 I_TP 就是理科人；但事實上，他們可以學習任何事情，只要這件事情不是用社交能力或情感來衡量成功，對他們而言都不困難。

想找出真相、有話直說

很多 I_TP 都曾懷疑自己是否有亞斯伯格的傾向，因為他們對潛規則不理解，容易讓他們在社交上吃些苦頭。在還沒有社會化的時候，他們聽到別人問：「我是不是變胖了？」會很誠實地說：「對，你真的變胖了！應該最少3 公斤。」I_TP 也可能從小就對一般人重視的習俗或基本生活禮儀產生疑問：

「為什麼在室內打開雨傘會長不高？」
「為什麼人家剪了頭髮問我醜不醜，叫我說實話，我真的說了他還難過或生氣？」

如果父母師長懂得欣賞，可能覺得「這孩子有獨立思考的能力」；但如果父母師長更重視團體和諧或社會規範，而非是否合理，I_TP 就可能造成他們當機，讓其他人覺得 I_TP 很白目或故意挑戰權威。但事實上，他們只是覺得這世界的所有事情應該都有不變的原則可以遵循。

　　如果 I_TP 小時候的好奇特質沒有受到欣賞，反而被
討厭，他們可能會憤怒莫名或自認與外界有隔閡，也可能
愈來愈討厭有情緒的人，把所有重視情感的人歸類為「愚
民」。此外，如果他們從小常常看到問題卻不准講，長此
以往會難以發展解決問題的潛力，導致他們變得很容易看
到別人不對的地方，自己卻也沒有解決方法。

穿新衣的國王不見得想被提醒

　　因為 I_TP 很容易看到問題，又會直說，所以別人可
能覺得他們很掃興，老是在大家很開心的時候潑冷水，很
不合群。但其實 I_TP 不是不合群，只是覺得如果不去看
問題，問題也不會消失。對於他們來說，寧可面對醜陋的
真相，也不要活在謊言裡。

　　隨著成長，他們慢慢發現，「啊！原來沒穿衣服的國
王好像也不想被人說穿」，或是「原來這些人就是想要活
在共創的假想世界中」，他們可能開始隱藏自己的特質，
不輕易說出想法。

I_TP 在其他人因為情感、效率或是太多外在雜音與資訊而無所適從時，可以很理性、不受干擾地抽絲剝繭，理出事情的脈絡、看到問題，並提出可能的解決方案。

不過，如果長期被人投射成「不合群的傢伙」，可能讓 I_TP 覺得每個人都是國王，都不想聽真相，大家說的「事情已經大功告成」或「和諧」其實都只是假象。到後來 I_TP 寧可看著大家失敗，也不願意提供建議了。

當大家失敗後，如果 I_TP 又很白目來上一句「我早就覺得這樣不行」，那更是會激怒大家，讓人質疑：「你知道為什麼不早點說？」但 I_TP 也會反駁：「我說了你們會聽嗎？」他是真的搞不懂什麼時候大家願意聽真話。

請理解情感有時比邏輯更重要

隨著社會化，I_TP 可能漸漸發現，在這個社會要成功，還是得懂一些人情世故，因而試著讓自己顯得很有禮數、很有同理心。但如果打從心底不認同這樣的做法，那麼很可能就像「東施效顰」一樣，讓人感覺他們的微笑很

尷尬，他們的關心與問候也是哪裡怪怪的。或者，I_TP
也可能把自己定位成邊緣人，只願意跟很少的人分享自己
的想法。

　　完整的 I_TP 會慢慢學習人性並非永遠理智，有時人
的情感比邏輯更重要。就像消防隊員救火，他們知道火勢
大到一個程度，他們會無法靠近救援，不然會自身難保。
這樣想很符合邏輯，但 I_TP 必須理解，有些時候人會為
了親人或愛貓而奮不顧身地衝進火場中。
　　這麼做雖然不符合邏輯，卻合情合理。只要 I_TP 看
懂也不看輕這一點，不只是看到問題，也看到別人的情感
與付出，那麼大家勢必可以看到他們在團隊的重要性，並
且願意追隨他們的腳步。

致 ISTP：
「把自己當成觀察家，面對別人的情感」

● ISTP 是最符合你的類型嗎？

☐ 你比較信賴透過感官蒐集而來的訊息，像是你親自讀過／聽過／看過的，比較少仰賴直覺。

☐ 你喜歡透過實際操作來驗證理論、確認事實。

☐ 你做事情講究精準。

● 身邊的人可能這樣形容你

☐ 理性	☐ 情緒穩定	☐ 適應力強	☐ 善於隨機應變
☐ 實事求是	☐ 有邏輯	☐ 自主意識強	☐ 有陽剛氣概
☐ 執行力強	☐ 反骨	☐ 喜歡獨來獨往	☐ 喜歡實際操作
☐ 防衛心重	☐ 有話直說	☐ 比較不考慮別人的情感	

※ 如果你想初步「探索」ISTP 有多符合你，可以參考以上敘述與你相符的程度。但請務必注意，以上並非 MBTI 官方的正式評量，千萬不要以此「認定」你的人格類型。

在《捍衛戰士 2》中，有一幕是現任軍官問主角「獨行俠」為什麼得過這麼多獎、受表揚這麼多次，但是官階都沒有升？

在克雷格主演的《007》系列中，每一次都會有一幕是主角龐德不聽主管 M 的指令，直接去做他想做的事情，讓 M 氣得半死。

這兩個角色都讓我想到 ISTP。ISTP 重視自己的技術發展，對於繁文縟節、官僚作風不但不欣賞，還有可能非常不屑。如果 ISTP 的技術夠強，他可能還可以在組織中存活，因為就算他很不受控，但大家還是不得不仰賴他的技術。

ISTP 聽起來很酷對吧？但請記得，這個前提是你要跟《捍衛戰士》的獨行俠還有詹姆士・龐德一樣厲害，不然，你尋找舞台的路途可能會很辛苦。

特質 用實做測試理論會讓你上癮

你善於運用感官獲取資訊，並搭配實際操作。當你想出了一套理論、一套邏輯，便會透過實做去確認這些是不是事實。以學習倒車為例，你知道邏輯後，可能會馬上開車試試看，透過一次次實際操作來感受那個角度、距離抓得對不對。只要理解理論，你可能比別人上手操作來得容易或進步更快。

如果能讓你以處理當下眼前的事情為主，不用跟別人有太多互動，而且有理論、方法可以讓你現場操作，並需要臨危不亂、臨場反應，找出很精準的解決方式，那你就容易走入心流狀態。像是打籃球、做菜，因為你心中有了食譜之後，還要實際操作火候或根據食材狀況隨時調整；或者，你買了 DIY 傢俱，不論說明書寫得多複雜，你都可以好好看完，再把東西組裝起來。

在我們身邊，常有些專業人士的工作大過任何政治操作，也不太會受限於情緒勒索，例如軍警類型影視的拆彈

專家或急診科的外科醫生。這樣的人才需要在緊迫的時間內維持冷靜，專注在當下以及所有感官可以接收的細節，並運用畢生所學，用邏輯做出最正確的判斷。此時，只有邏輯與真理最大，管他是小組長還是部長，任何政治手段、情緒勒索的影響都得靠邊站，這可能就是 ISTP 的夢幻工作狀態。

　　你表達愛的方式不太明顯，導致身邊的人一不注意或神經太大條，就可能感受不到你的關愛。其實理解你的人就知道，你的愛來自於差別待遇，尤其是肢體的互動。你可能平常不太讓人碰，卻願意讓你愛的人跟你打鬧或有許多肢體接觸；或是你對別人犯下沒有邏輯的錯誤會感到煩躁，卻特別可以容忍自己愛的人所犯的錯，有時還會覺得有些可愛。

　　有時你也會把自己最厲害的長處貢獻給你愛的人，例如你很會做手工藝品或做菜，就會做些東西送給愛的人。

關卡 過度關注事實而自認不重情感

你較擅長運用邏輯來做分析和決定，但是當你沒有好好運用感官去驗證的時候，會過度專注在自己認定的事實上。你要知道，雖然這世界上有無法爭辯的事實，但也有一些「現實」是我們的大腦所誤導的。

例如《美國科學人》雜誌刊登的研究報告（The Brain Adapts in a Blink to Compensate for Missing Information）顯示，當我們看到一句話中有一些空白，大腦會自動把認為合理的字補進去。所以當你太相信自己和感官所獲取的資訊，可能會被自己誤導，聰明反被聰明誤。

尤其當你沒有很多人生經驗或蒐集的資訊不夠多時，可能只聽到片面消息，或是感官當下獲取的資訊（看到的、聞到的）太強烈了，便直接用直覺來腦補，讓你發展出來的邏輯有所偏差。這時候如果你據理力爭，可能讓別人很困擾，因為你的歪理又有佐證，讓別人很難解釋他們的想法，而你也可能覺得別人在鬼打牆。

　　當壓力太大時，你可能想放棄探索未來的可能性，只專注在感官可以接收的細節中。這時你對於提出預言、未來趨勢或算命的人都抱有非常大的懷疑，覺得他們不能信任、需要多加提防。這會讓你變得防衛心太重、有些偏執，質疑別人為什麼知道那些資訊，是不是在哪裡放了監視器，或者是不是政府派來推動陰謀、是不是外星人等。因為你很反骨，這時候別人愈要你做什麼，你愈不想做。

　　你可以冷靜處理事情，因為你不太會被別人的情緒或倫理道德影響。你跟 INTP 都是情緒勒索者的終極挑戰，因為你們不太會為了讓別人開心而做你覺得不合邏輯的事。

　　但你可不是沒有情緒化的一面。當你被逼到一個程度，你會像變了一個人似的，卯起來拚個你死我活。就算當下是在公共場所，你也會像發瘋一樣，毫不在意社會規範和別人的眼光，也不考慮未來對自己有什麼影響。別人沒辦法勸你「拜託不要這樣子，很丟臉」，或是「拜託，我們回家再說」，因為你本來就活在當下，這時更不會想到未來可能要承擔的後果。

　　請記得，你並不是沒有情感、不在乎和諧，只是你擔心太在意別人的情感，可能會阻礙你找到真相。

　　但如果你太早把自己定義成不動感情、討厭跟別人互動、不喜歡聽廢話的人，那麼當你持續壓抑情感，把它們全都堆到心裡鎖起來、不加以開發，久而久之壓力太大，可能哪天喝醉了就突然爆炸，令大家很驚訝，而你酒醒之後又很尷尬。或者，你也可能變得無感，感覺不到任何喜悅、搞不清楚自己有什麼情緒。

　　你很可能討厭別人為了維護和諧的假象，而拋棄你所認為的「事實」，例如「在老闆面前表現出他喜歡的模樣」、「為了爸媽而選擇不要出櫃」等。但其實你的內心深處也渴望和樂融融的感受，也喜歡這種溫暖，只是因為你擔心一旦對這個感受上癮，是否有朝一日得拋棄理智？你害怕必須在理智跟感情之間做選擇，這有可能成為一直跟隨在你身後的陰影。

　　我想提醒你，當人在壓力下或受到觸發會有比較極端的「戰或逃」（fight or flight）反應，但不可否認的是，

人還是群體生活的動物，需要有人讓我們的團體有一些溫暖和諧的感受（就算這並非完全真實），他們也是讓人類可以一起繼續生活而不會散掉的重要角色。如果大家長期都在抗爭或是各做各的，社會就不會進步。所以，請你對這樣的人跟心中這樣的自己多一點愛心與包容吧。

提醒 人際關係是你突破自我的關鍵

因為你常常需要時間消化資訊，確認那些東西是不是事實，所以可能讓別人覺得跟你說話卻沒有回應，因而生氣，或是誤以為你同意（或不同意）某件事。所以，我建議你適時給別人一點回應，你可以試著表達「我還在想，可能要等一下」。

也請試著同理別人，避免一直用自己的主觀套在其他人身上，或是武斷地批判對方很情緒化、邏輯不通。你需要理解，對他們來說，最重要的不一定是數據、事實、邏輯，反而可能是他們的價值觀或回憶。

請不要以為自己不在意別人的想法，因為你內心還是在意的，也希望被人關心跟支持。所以請對自己坦承吧，

也適度顯露弱點，讓別人知道你需要他們。不然，你會碰上自證預言，認為自己不需要別人的關愛，讓別人也覺得你的確不需要，陷入惡性循環。

　　當你面對其他人的情感時，可以發揮冷靜的研究精神，把自己當成觀察家，像觀察動物一樣來觀察別人，記錄你講什麼話，對方會有什麼反應。久而久之你也會明白，跟哪個人溝通，什麼話可以講，什麼話又不能講。

　　人際關係在事業、人生中還是滿重要的，攸關你的格局可以做多大，因為你不太可能永遠獨自工作。就像拆炸彈，光是有拆炸彈的知識並不足夠，真正的高手還能了解炸彈設計者的招牌手法，透過整合人性的分析跟知識來解決問題。007 如果要拯救世界，光靠自己是沒有用的，他還是需要背後組織的支持。

　　這會是你的人生課題，也是突破自我的關鍵！完整的 ISTP 可以看到別人情緒的重要性，以及在組織中有必要做些限制，藉此維護自己所在意的關係，並獲得更多人支持，進而擔任更重要的角色，調動更多資源達成目標。

你帶給世界的禮物

> " 不受外界干擾，冷靜專注地解決問題 "

精準

執行力

專注

致 INTP：
「不要只看到水杯沒滿，
也要看到杯裡有水了」

● INTP 是最符合你的類型嗎？

☐ 你擅長透過推理來找到正確的答案。

☐ 你碰到感興趣的事物時，能專注而深入地探索。

☐ 你能夠迅速看到問題所在。

● 身邊的人可能這樣形容你

☐ 沉著	☐ 有彈性	☐ 適應力強	☐ 有懷疑精神
☐ 具批判性	☐ 善於分析	☐ 有話直說	☐ 很難溝通
☐ 白目	☐ 不擅社交	☐ 邏輯強	☐ 沒有同理心
☐ 叛逆	☐ 懶散	☐ 聰明又有創造力	

※ 如果你想初步「探索」INTP 有多符合你，可以參考以上敘述與你相符的程度。但請務必注意，以上並非 MBTI 官方的正式評量，千萬不要以此「認定」你的人格類型。

　　喜歡看偵探小說的人一定知道福爾摩斯，他的故事也最常被翻拍成影集或電影。福爾摩斯之所以這麼有趣，是因為他能透過線索與邏輯去解開謎團，而他的「沒禮貌」和對於權威的不尊重更常常成為故事的笑點。

　　《愛麗絲夢遊仙境》中的愛麗絲，居然可以夢到這麼多有隱喻與畫面的夢境，而在夢境中，他透過詢問自己與別人來了解那個世界的邏輯，並做出當下最好的決定。

　　這兩位故事主人翁都讓我想到 INTP。INTP 的你如果沒有特別注意，有可能被人誤以為沒有禮貌或很白目（不會看臉色），而你的邏輯和解決問題的特長很容易因此被埋沒。不過，如果你在這方面發展過人的話，就會獲得大家欣賞，或者，大家就算不爽，也得忍受你。

特質　比起做得快，不如做得好

　　你能很快掌握事情的架構，並看出不合理的狀態。當一件事情還沒有獲得證實，你會抱持懷疑，並透過探索不同的資訊、跟外界互動，去驗證自己的邏輯思考是否正確。因為你的邏輯以及觀察力，使你很容易看到問題所在。

　　以學習倒車為例，你跟 ISTP 不同，當你看過別人倒車以後，會多用理論去探索不同的可能性，例如不同車型的倒車角度、操作方式都可能不太一樣，而每個人的倒車方式有什麼不同。

　　此外，相對於有效率地達成目標，你更注重做正確的事情。當別人因為截止期限而趕工時，你還是能不為所動，依照可以找到最正確答案的方式做事。

　　當你可以善用邏輯，並透過對外探索蒐集資訊，再用你覺得舒服、不匆忙的方式執行時，就可以進入心流狀態。就好比專業的品管人員一樣，你可以在很短的時間裡看到問題所在。

　　不過，有時我們還是只能在有限的時間跟資源之下做出成果，因為有些事情超過期限就沒有意義了。就像標案或申請學校，你永遠可以把文件寫得更好，但只要無法如期交件，就算你做得再完美，還是會錯失良機。

　　你表達愛的方式不太明顯，若身邊的人稍不注意或神經太大條，就可能感受不到你的關愛。其實理解你的人就知道，你的愛來自於差別待遇，尤其是不太跟人講感情或心事的你，會對愛的人敞開心胸，跟他們分享脆弱的一面。

　　INTP 的你可能給予自己愛的人很大的自由，讓他們去探索（所以你也可能比較喜歡獨立一點的人）。你也可能在給他們回饋時，願意多作修飾，或是因為怕他們傷心而不給回饋。這樣的表現別人雖然看不出來，但是對於 INTP 的你，可是得花很多力氣才能做到的呢！

關卡 認真提出問題，反而被當成問題

當你的邏輯沒有發展得很好時，有可能覺得哪裡不對勁，但又說不清楚問題具體出在哪裡、有哪些方法可以解決。

另外，因為你的同理心較弱，有時會過度簡化問題的複雜性，沒有看出問題可能跟對方的情緒或信念有所連結，因而提出對方無法接受的解決方案。

例如朋友開的公司營運出狀況，你可能建議他放棄開發某項賠錢的產品，卻沒有意識到這個產品可能對他的公司有更大的意義；或者，有人跟你抱怨他很在意的朋友向他提出了棘手的要求，你可能會說「不要理對方就好啦」，卻完全無法理解這個人為什麼會有情感上的糾結。

在壓力下，你可能沒有探索不同的線索、查詢不同的資訊去作驗證，導致你的邏輯有些偏差或不夠完整；或者，你只運用當下的感受（我覺得／我觀察到／我聽到）、過去的經驗來當成做決定的指標，例如你覺得「過

去我說過但沒人聽，所以現在看到錯誤就不說了」。

另外，在壓力下你也容易吹毛求疵、太注重細節，或反過來，完全放掉別人重視的細節，只看你在意的大方向。

雖然很多人可能覺得你比較冷酷，但你其實不是不在意別人，而是你可能看不到別人的感受、看不懂別人的表情，或者你察覺了，卻認為不合邏輯而予以忽略。尤其是你在追求真理或解決方案時，可能完全忽略別人的情緒或團體的動能。

比如說大家開會時想法一致，也有人明顯在趕時間，想快點結束會議，但此時如果你覺得哪裡不合邏輯，打斷大家：「等一下，這裡不是還有個問題嗎？這部分我們要不要再想一下？」這會有兩種可能性，好的情況是碰到賞識你的人，覺得幸好有你，不然就糟糕了。

但通常你會被其他人排擠，因為他們覺得你很煩，好不容易開完會，大家都想離席了，你卻這麼白目提出問題；或者，別人也可能誤以為你在羞辱人或找麻煩。但其實你只是想要查個水落石出、做對的事情而已。

　　你最討厭諂媚或睜眼說瞎話的人，疑惑為什麼不能總是實話實說、為什麼要在乎別人怎麼想。你也受不了別人認知的事實跟你不一樣，因為對你來說真理不是情感，而是有絕對的對錯。例如對方忽然說「誰說地球是圓的？地球本來就是平的」、「1 加 1 也有可能不等於 2，我在網路上看到……」，你恐怕就會被激怒。

　　你也討厭別人因為時間壓力而放棄追求真相，你認為：「寧可多花一點時間做正確的事，也不要在短時間內完成錯誤的事，不是嗎？」

　　但實際上，世界上有時會需要一些「假」的和諧，因為並不是每個人的修為都很好，都可以很客觀地接受別人的批評。當一個人沒有受到誇獎，卻一直得到「可以改進的建議」，可能會喪失自信。一個人愈沒有自信，就愈難展現他的潛力。我們需要有人來照顧其他人的情緒，讓場面不要每次都弄得很僵。

　　再來，我們需要根據每個人的狀況去應對，就像你不可能用對待成人的方式跟小學生說話，因為他們的理解能

力並不相同。請記得，即使我們知道運動時要把筋拉開，也不可能一次到位，所以別人有時不說真話或只說場面話，也是有它的意義的。

提醒 換個溝通方式，共創更好的辦法

你常常被當成叛逆的人，但你不是為了叛逆而叛逆，純粹是因為當你看到問題的時候很勇於表達，而這也是你的特色。其他人可能會被情緒勒索，或是看到老闆、老師、家長的臉色不太好，就不太敢說實話，但你往往真心覺得對方不應該有那樣的感覺，而該講的事情還是要講，就算是面對權威也一樣。

你要知道，你說的內容是好的，所以不要改變內容，而是改變溝通方式。請試著不要把話講得這麼直，一語說破「你這樣做有問題」，而是換成用討論的角度來跟大家協商，例如：「有沒有可能換成另外一種方式？」或是：「我在想，這樣做有沒有可能碰到問題，你覺得呢？」這樣也許會讓溝通更順暢一些。

你在社會化的過程中可能也會發現，有時候自己講話

不太討喜，講完自己也很受傷，或是無意間傷了很多人的心。結果就是你講話變得綁手綁腳，懷疑是不是真的要做自己，或是應該先硬著頭皮去誇獎別人、講一些討喜的話，弄得自己雞皮疙瘩掉滿地。我覺得你不需要強迫自己，你不是那樣的人，就是調整說話方式就好。

再來，每個人的出身背景、教育程度、個性或種族、性別等不盡相同，這些都可能造成他的思考方式跟你不一樣。你要理解，你看到的真理不一定是其他人的真理；你也要明白，不是每個人都有同樣的價值觀，有些人會把情感看得比較重。

你要多同理別人的不同想法，有些人的感情就是比較豐富，對他來說，有紀念價值或有情感意義的事物，比「對」的事情更為重要。只要理解了這些，你比較不會卡在情緒裡，覺得身邊的人怎麼都這麼奇怪、這麼笨，你跟別人相處時才能比較順暢。

　　你也要知道，創作的過程很辛苦，所以挑問題時也要看到別人背後的心血。就像你跟朋友出去吃飯，有人提議吃麥當勞，你說那個太肥太油；有人提議吃披薩，你又說太多起司不好消化。總之，每個提案都有問題，但如果別人問你到底要吃什麼，你又說「都可以」。

　　想想看，別人可能覺得你愛挑毛病，卻沒有提出解決方案。所以你在指出問題的時候，也許可以想想怎麼共創一個更好的做法。

　　此外，請學習真誠地誇獎別人。這不是要你敷衍地說「哦，你好棒棒啊」、「你很厲害」，而是要告訴別人，你看到他的辛苦與付出。當你多給別人正面回饋時，別人也會比較樂意聽你說話喔。

　　完整的 INTP 理解其實自己也有情緒，並開始學習跟情緒連結，學習什麼時候必須點出大家的盲點、什麼時候可以睜一隻眼閉一隻眼、什麼時候又需要循序漸進教導別人。你將懂得感恩自己與大家的付出，慢慢了解有的時候水不是只有半杯滿，只是現在還沒裝滿而已。

你帶給世界的禮物

" 精準快速地看到問題點 "

邏輯

偵錯力

就事論事

Chapter 9

E_TJ
為了高效執行而封藏情感

> E_TJ 常常被套上「英雄」或是「難搞的老闆」的人設，
> 因為要求績效而逼迫自己跟他人，
> 久而久之可能跟自己的情感與身體愈來愈遠，
> 導致有時會不知不覺就扛下超出負荷的責任與工作量。
> 如果可以開始探索自己的核心價值，
> 了解任何失敗都是未來成功的養分，
> 就能讓自己慢慢變得比較「柔軟」，
> 成為全方位的統籌者。

E_TJ 和你有幾分像？

你在 35 歲之前……

☐ 傾向花更多時間關注外在世界、理解外在世界重視的價值觀。

☐ 偏好目標導向，做事情時喜歡先設定目標，再盤點、整合資源，規劃執行方式。

☐ 做事時，傾向事前完善規劃，再按部就班執行。

☐ 不喜歡也不太會感情用事，不會讓情感影響到你的目標。

☐ 不太願意去看自己的情感，所以跟自己的情感比較沒有連結，有時自己也不太能理解。

☐ 喜歡做事情快、狠、準，不要拖泥帶水。

☐ 可能覺得自己的想法正確，比較難同理有天馬行空想法的人。

☐ 可能常常不經意地帶給身邊的人很大的壓力。

☐ 跟自己的身體或情緒比較沒有連結，常常生病了才知道自己壓力過大或工作過量。

※ 如果你想初步「探索」ENTJ ／ ESTJ 有多符合你，可以參考以上敘述與你相符的程度。但請務必注意，以上並非 MBTI 官方的正式評量，千萬不要以此「認定」你的人格類型。

　　E_TJ 可能從小就展現「恰北北」（bossy）的那一面。他們不管自己的能力如何，老是愛告訴別人何時應該做什麼，卻常常忘了別人不一定認可他們的目標。認可的人覺得他們是戰士、領導者，不認可的人則可能覺得他們是大魔王、正義魔人。

　　E_TJ 認定的那些「應該」，來自於他們對目標的理解以及對效率的重視。在這個重視「績效」的世界，這樣的能力被賦予很高的評價，但是在人與人的相處中就很容易被排斥，尤其是當女性展現這些特質時。所以 E_TJ 可能很早就被迫選擇：做個不需要受人喜愛的「領導者」，或是壓抑自己，做個比較討喜的人。

　　E_TJ 認為做事要先了解目標，並需要切割自己的情感，再從高處釐清一團亂的資訊，迅速歸類、整合、做決定，最終擬定步驟達到目標。E_TJ 更樂意也更能夠表達他們的想法，領導（支配）團隊，也不懼怕隨之而來的責任跟工作量。如果從小就被師長讚賞「好能幹」、「好有領導力」，E_TJ 將能放下情感，或是不在乎自己的不舒服，更進一步發展毅力與執行力。

人生好像到處都是責任

因為 E_TJ 擅長快速評估現況來找到問題對策，所以一不小心就會被家人或組織推舉為主要的執行者。

外向的他們可以從別人的讚賞與崇拜中獲得能量，更樂意發展這方面的能力。漸漸地，這會變成一個循環：在 E_TJ 身邊的人只要求救和誇獎他們，他們就會幫忙處理事情；處理完了，他們又累積更多自信（求救的人則更加自卑），而身邊的人就更仰賴他們。

久而久之，E_TJ 可能開始認為大家好像非找他們不可，他們做許多事情不再是因為被看重，而是因為別人難以代勞，使得他們不得不做。

如果 E_TJ 太早被自己或別人發現他們的特長，就容易在某個領域給自己套上「英雄」的人設。不論這個領域是在學業、家事，或是幫家人處理雜務，他們都會用盡全力讓自己留在那個位置上，因為他們不能接受自己失敗的樣子，也不願意辜負別人的期待。

　　為了有效能地工作，E_TJ 可能忽略自己的情緒與身體不適，用意志力撐著，久而久之，他們跟自己的情緒與身體會失去連結。如果有人跟 E_TJ 說：「你好像很焦慮、壓力很大？」他們可能回答：「沒有啊，我只是沒睡好吧。」然而，他們忘記人在壓抑情感硬撐時，會愈發無法控管情緒，對身邊的人也更沒耐心。當 E_TJ 看到別人在做那些 E_TJ 自我壓抑的事情時，他們更容易被觸發：

　　「這些人也太情緒化了吧？」

　　「抗壓性怎麼這麼差，這樣就要請假？」

　　「為什麼只有我一個人要負責？」

　　E_TJ 沒有看到自己人生發生的事情，有一大部分來自於自己的選擇。他們因為所有的「應該」都來自於外界的評價，有時可能為了達到外界的要求或是因為對外界的讚美上癮，給自己設定了過高的目標，把超出負荷的事情攬在身上，因而忽然變得憂鬱，忽然覺得人生都是責任。對他們來說，這種莫名其妙的情緒改變是無法理解的。

　　有時忽然沒有工作可以攬在身上，或是沒有管理權時，他們會開始懷疑自己的能力、過去的成就，並感到憂鬱或焦慮：「我做了這麼多事，究竟是為了誰？我到底要的是什麼？我這個人的價值在哪裡？」

忙到沒有時間顧及情感

　　因為 E_TJ 的成就感來自於執行績效，所以「一不小心」就會把自己弄得很忙，以至於沒有時間聽無助於績效的「廢話」，而這些所謂的「廢話」通常都跟情感有關。尤其是已經有很多成功經驗的 E_TJ，聽到別人分享自己的情緒（尤其是自怨自艾的那種），更覺得受不了。

　　如果對方是 E_TJ 愛的人，他們受不了時可能會出手拯救，例如幫忙出頭吵架、幫忙解決問題；但如果不是，他們可能會低估了對方的智商與能力，雖然這些都跟情感豐富沒有關係。

　　他們這樣的行為，很容易被別人當成「領導者」、「拯救者」，或是冷血霸道的人。慢慢地，別人為了自保

（不被管理），會跟他們保持距離，只有需要幫助時才找他們表達情感，或是跟他們完全就事論事。

E_TJ對效率的要求也可能應用在自己的身體上。他們希望用最快的方式達到目標，所以就算覺得不太好，睡不著時還是可能靠安眠藥加速，或是減肥時願意相信偏方，因為他們希望能夠快速解決問題。

在我們的社會上，被當成英雄／拯救者／領導者是個正面的投射，所以E_TJ常常一開始很樂意接受，但是到了一定年紀才發現這對自己身心的壓力已經超過負荷，或是當自己真正需要的時候，才發現沒有太多可以接受自己脆弱那面的親人或朋友。

有些E_TJ的工作量龐大，加上因為不擅長跟其他人有情感連結，當被討厭時，可能會跟自己說：「天將降大任於斯人也，必先苦其心志，勞其筋骨，餓其體膚……。」為家人付出卻沒有被看到時，可能也會想「我就是來還債的」、「能者多勞」，藉此合理化自己共創的關係動力。

E_TJ 女生也可能因為常聽到「太能幹的女生很難找伴侶」，選擇不碰感情，或是不發展自己的特質。不管怎麼樣，這些應對機制都會阻礙 E_TJ 的人生發展。

看見自己與別人脆弱的一面

在社會化的過程中，E_TJ 常常愈來愈專注於外在的成就、名利與權力，跟自己情感與身體的連結卻愈來愈遠。如果 E_TJ 繼續將情感當成做事的阻礙，可能會無法理解為什麼自己的計畫明明很有價值，別人卻無法理解或執行，也不了解為什麼自己有時會陷入非常負面的情緒。

E_TJ 需要學習尊重自己與他人的界線，看到每個人都有脆弱的一面，也要了解每個人都有自己的路要走，不是每個人的目標都與 E_TJ 的邏輯相符。

如果無法看到並接受這一點，E_TJ 會壓抑自己脆弱的那一面、過度發展強項，也會用強硬的手法要求身邊的人跟隨他們的腳步。

　　相反地，如果 E_TJ 可以開始探索自己的信念，了解任何失敗都是未來成功的養分（不管對自己或對別人），就可以慢慢變得比較「柔軟」，對自己與別人更有同理心，並看到「情感」也是有助於績效的一個重要因素，進而成為全方位的統籌者。

致 ENTJ：
「請先確認別人有與你相同的成功圖像」

● ENTJ 是最符合你的類型嗎？

☐ 你比較擅長看大方向、大局、趨勢跟規律，再做執行計畫。

☐ 你喜歡研究抽象的理論、理念，並想辦法應用在生活中。

☐ 你比較可以看到未來的需求再挑戰舊制度，並建立新的生活／做事方式。

● 身邊的人可能這樣形容你

☐ 有企圖心	☐ 果斷	☐ 積極進取	☐ 強勢
☐ 有使命感	☐ 重視蒐集資料	☐ 重視效率	☐ 厭惡自我同情
☐ 好勝	☐ 喜好公平公正	☐ 不怕衝突	☐ 容易得罪人
☐ 同理心不足	☐ 高度自我要求	☐ 煩惱藏心裡	

※ 如果你想初步「探索」ENTJ 有多符合你，可以參考以上敘述與你相符的程度。但請務必注意，以上並非 MBTI 官方的正式評量，千萬不要以此「認定」你的人格類型。

　　大家說，比較有名的 ENTJ 故事人物好像都是壞人，這讓 ENTJ 傾向的我覺得又好氣又好笑，但是不可否認，ENTJ 走歪了真的可能如此。像是《哈利波特》的佛地魔，大家認為他是有策略、有步驟地一步一步得到權力，並實踐自己（邪惡）的夢想；或是《穿著 Prada 的惡魔》的女老闆米蘭達，對於自己底下團隊的品質與時程要求嚴格，讓人喘不過氣。

　　不過，如果佛地魔沒有因為悲慘的童年而性格分裂，或是我們改從雜誌的名聲地位來看待米蘭達，我們會發現，如果 ENTJ 好好發展，他們可以成為很有影響力的領導者。

特質 需要獨處來整合外界資訊

你頗能接受創新的事情跟運用理論推理，當你從外界獲得各種資訊之後，就可以看到未來的可能性和心中的理想圖像。你會思考用什麼理論或哪種創新模式，結合你對執行計畫的專注，再整合資源來達成你對未來的想像。

雖然你看起來很外向，但你其實也需要獨處，才可以透過反思做連結，想像未來的可能性。所以如果有外在刺激又有獨處時間，你就可以廣泛學習、整合，提出具體的論述跟解決方案，這會是你的心流狀態。比如說，工作上要做跨部門或跨界的資源整合（包含人力資源），再做出創新的事物，這會讓你很有成就感。

你給愛的方式是發揮你的直覺或前瞻性，再出錢出力、出聲提醒，幫你愛的人預做準備或鋪路。你比較不善於理解別人的情緒或是別人可能有不同的需求，你可能根本沒發現這些事情會造成問題。

　　例如有些家長為了讓孩子進比較好的學校，在他們年紀還沒到時就先幫忙找實習單位，或是讓他們學習一些受人肯定的才藝，卻沒有想過這是不是孩子最需要的支持。

關卡 忘記每個人都有自己的想法

　　你追求未來的理想，目標導向，不太喜歡因為自己的脆弱而耽誤到達成理想的時間，所以你會壓抑脆弱的那一面，同時也期待別人這麼做，但這最終都會對你的身心靈造成困擾。

　　另外，因為社會相當認可你的特質，可能讓你覺得自己講什麼都對，變得過度自信，老是想要把自己覺得對的事情框在別人身上，或是質疑為什麼別人都聽不懂、不照做，還會意見一大堆。尤其如果你早年有很多成功的經驗，你可能更不願意傾聽別人的想法。

　　你可能碰到的狀況是，你愛的人根本跟你的設想不一樣，例如孩子不想去你心目中的好學校。如果是這樣，那麼你做的一切規劃對他來說，不但沒有意義，反而造成壓

力。當對方有這樣的反應時，你可能覺得自己這麼辛苦卻沒有獲得該有的回應。

你也可能習慣把身邊的人事物都當做資源來整合，認為每個人的想法都應該符合主流的價值觀。但每個人的價值觀其實不同，有些人更重視情感和信念，也不見得願意被你當成棋子對待。

例如你在家族企業中當家，可能會直接告知每個小孩應該讀什麼科系、未來接哪個部門才是最好的分工，卻沒有想到他們也有自己的喜好跟目標。所以，你需要開發這方面的敏感度。

當壓力大的時候，你可能出現兩種極端的反應：忽然過度重視細節，變得鑽牛角尖，卻不去看大方向；或者，只看大方向，遇到事情就想要快速反應，而不是先深思熟慮一番。你也可能去做一些感官上很刺激的事情，像是極限運動，藉此帶給自己腎上腺素的快感。如果適度，這些刺激是好的，但如果太過沉溺其中，就會造成問題。

　　你最討厭的人可能是做事情很短視、講話抓不到重點、沒有用邏輯規劃就執行的人。對於因為身體狀況或情緒不穩定就影響工作的人，你也不太欣賞，覺得這些人恆毅力不夠。

　　雖然你也討厭做事漫無目標、走隨興路線的人，但如果對方規劃得太過仔細，卻不去考量未來的可能性，或是不願意根據情況適度調整做法，你也可能受不了。

　　但這些人其實也有他們的價值所在。他們的隨興能讓大家看到跳出框架的可能性，同時讓我們的社會除了效率之外，也能獲得激發想像和帶來情感共鳴的「藝術」，促進人類的心靈成長。

提醒 多跟自己的身體與情感連結

　　請記得跟自己做確認，像是「我現在身體怎麼樣」、「我現在心情如何」、「我做的事情是不是符合我的信念」、「這對我的將來有沒有幫助」。如果你不跟這些部分有所連結，可能會變成高效率卻冷血的工作機器，你會很難同理別人，而且不斷耗損自己，只能靠意志力硬撐。

還有一點是我這些年的領悟：你可能很有自信，堅信自己是對的，但也許十年後你會有些後悔。所以，在給別人建議的時候，一定要先理解別人的想法，例如「別人的成功圖像是否跟你相同」，因為如果不是，你所建議的做法對他都是沒有用的！

另外，你可能認為身邊很多人都需要你的幫助，但是請先跟對方確認過，或是等到他們求助再出手吧。不要只是看到別人說「我好累」、「我不會」，你就說「我來做」。如果別人沒有請你幫忙，等你做了以後，對方可能看你好像輕而易舉，不見得會感激你，反而覺得理所當然。你會不經意把別人寵壞，再讓自己一肚子氣。

你也要知道，做得太多不只會讓自己太累，也會剝奪別人成長的機會。你必須懂得放手，讓別人去嘗試，透過失敗或累積經驗來成長。特別是關於對方人生的事情，你更要放手，不要一直想著批判或是說服對方。當然，你可以表達自己的意見，但也要尊重對方為自己做的決定，他不一定要聽你的。

　　不論你是老闆、主管或是家裡當家的人，一定要多關注其他人的特質（也許做事比較靈活，或是具有同理心），再從這些地方去發現他們可以帶來的貢獻、你們可以怎麼合作，遇到需要做決策時，也會更容易讓其他人參與。雖然這樣可能讓決策的速度變慢，但這不見得沒有效率，因為推動的時候往往更順暢。

　　也許你覺得自己的決定是最好的，可是你不讓別人參與決策，就不可能完全知道別人從他們的角度究竟看到了什麼。如果你沒有讓大家有參與感，不管你多有權力、計畫寫得多好，推動時一定會碰到問題，因為別人可能打從心裡不認可你的想法，或是覺得你沒有看到他們的價值，於是選擇消極反抗，做事情只做 60 分，或是在你看不到的時候就不做。

　　例如某個企業主為了推動永續治理（ESG）的概念，希望組織做一些改變，但推動時卻碰到很多反彈，讓他非常苦惱。後來他才發現，並非每個部門都理解這些改變對他們有什麼影響，他們有許多的「以為」沒有獲得解釋，

導致大家對改革興趣缺缺。於是，他不再只是單方面告知大家自己的規劃，而是把理念跟前景都說給大家聽，再集思廣益想出可行的策略，結果推動改革就容易多了。

完整的 ENTJ 願意放下外在的框架、向內探索，進而跟自己的情感、身體、信念產生連結。這樣的 ENTJ 在考慮各種可能性時，能把無可迴避的「人性」納入考量，學習「帶人要帶心」，最終創造有效率又富有人性的未來。

你帶給世界的禮物

"
整合資源，創造未來新氣象
"

\# 前瞻性

\# 領導力

\# 資源運用

致 ESTJ：
「抵達終點的路上，別忘了欣賞風景」

● ESTJ 是最符合你的類型嗎？

☐ 你注重效率與細節，如果沒有特別原因，比較不會主動開發新的可能性。

☐ 你常被說是很能幹的人，做事乾淨俐落，可以在一團亂中迅速看出該做什麼，並懂得切分事情，以便分工或階段性執行。

☐ 你可以簡化複雜的問題，並用簡潔的方式解決。

☐ 你有時太關注細節，可能專注於確保做事的方式，卻忘了做這件事的最終目標是什麼。

● 身邊的人可能這樣形容你

☐ 精力充沛	☐ 務實	☐ 自滿	☐ 控制欲強
☐ 目標導向	☐ 很會自找麻煩	☐ 擅長風險管理	☐ 組織能力強
☐ 理性	☐ 同理心不足	☐ 高度自我要求	☐ 自信
☐ 強勢	☐ 不甘示弱	☐ 太關注細節	

※ 如果你想初步「探索」ESTJ 有多符合你，可以參考以上敘述與你相符的程度。但請務必注意，以上並非 MBTI 官方的正式評量，千萬不要以此「認定」你的人格類型。

　　《哈利波特》的反派老師恩不里居，就是很典型過度發展強項的 ESTJ。如果先不評論他的思想是否站在正義的那一邊（最起碼他自認為是），他管理人的方式就是擬定制度、立下規矩。當他相信自己是對的時候，會堅持己見，不再接收新的資訊，並用很強硬的態度來管人。

　　另一位就是《射鵰英雄傳》的丘處機。他基於義氣和一些其他因素跟人打賭，要找到兩位友人的後代並教他們武功，讓他們18年後相互較量。為了這個目標，丘處機到處奔波，找到了楊康，但因為太專注在教他習武，而沒有看到他的人格發展出了問題。

　　我們可以從這兩個故事人物看到，當 ESTJ 定下目標後，他們有強大的恆毅力去行動，但有時卻可能忘了為什麼要做這件事，或是不是需要根據狀況改變目標。

特質　複製過去經驗，高效達成任務

　　你的頭腦裡好像有一個很大的硬碟，可以把各種成功或失敗的經驗通通存在裡面。你也比較注重實際與現實，需要有具體明確的資訊。做事情的時候，你會先整合來自外界的所有資訊，再根據過去的經驗來設計組織、標準流程。你很容易找出曾經成功過的做法，再微調、加以複製，因此你的執行力過人，可以高效完成事情。

　　當你可以參考過去經驗，再調兵遣將、整合資源去推動事情或解決問題時，就能走入心流狀態，但前提是大家認可你的能力、授權給你。當別人沒有授權或你遭遇強烈反彈時，雖然你還是會像壓路機一樣硬著來，但其實你有一顆玻璃心，所以心裡還是會憂鬱，這時候就不能完全算是走入心流狀態。

　　你給愛的方式是從過去經驗中找出適當的對待方式。因為你懂得擷取過去經驗，所以會想辦法不要重蹈覆轍，

也會想提供實質協助、提醒對方，保護你愛的人不要犯同樣的錯誤或是吃同樣的虧。

　　例如你出國留學時，曾因為不懂當地規範而吃了很多苦，當好友也要去留學時，你可能不只提醒他應該做什麼準備，還會直接幫他辦理很多手續，讓他可以輕鬆許多。

關卡 想成為太陽，卻變成北風

　　你可能常常自認只是很有條理地把理論解釋給大家聽，並告訴大家目標應該是什麼、應該怎麼做。但別人跟你在一起可能感到有些壓力，甚至覺得你自以為是、愛耍老大，老是愛管人，只顧著把自己的想法套在別人身上。

　　你對人可能陷入類似的狀況，覺得：「明明我講過了，也提出了最好的方案，為什麼別人不照著做？」我建議你，要別人願意投入一起努力，就必須讓他們參與。你可能為了迅速達到目標而擅自決定，自認都想清楚了就開始衝，殊不知身旁的人可能不同意你的做法或不想這麼趕（也許他們希望享受一下人生或是有其他想法）。

　　記得「北風與太陽」的故事嗎？北風盡力吹，想讓路

人脫下外套，卻只是讓路人把衣服抓得更緊；而太陽則是用他的溫暖，讓路人主動脫下外套。當你扮演領導者時，試著理解別人的價值觀與目標。與其像北風那樣因為吃力不討好而氣餒，不如嘗試用太陽的方式，讓別人自願做你想要他做的事情。

當你太相信過去的經驗，你會變得沒有彈性。但請記得，過去成功了，不代表未來也會成功，你還必須考量許多因素，或是有沒有其他的新機會可以探索。況且條條道路通羅馬，除了你的做法之外，可能還有很多其他方式也可以達到你的目標。

因為你渴望控制所有變數，所以在壓力之下，可能變得非常迷信，像是公司的風水、員工的姓名都要去算一下。一方面你希望多一點資訊，減少「未知」，讓一切都在掌控之中，確保結果是你要的；另一方面，你也希望提升效率：如果算命師可以告訴你員工是否適任，就能省下試用期的時間。

　　不過，壓力也可能讓你超級排斥任何跟直覺相關的事物，比如說聽到打坐、瑜伽、靈性的開發，就覺得：「那是什麼東西啊？我們要相信事實、相信科學。」最妙的是，以上這兩種狀態在很多 ESTJ 身上是可以並存的！

　　由於你想做正確的事情，可能因此壓抑情緒或身體狀況，例如事情做到一半忽然覺得不太舒服，你還是會忽略身體發出的訊號繼續做下去，避免影響達成目標的效率。

　　當你年輕時，因為遇到的事情都比較簡單，所以只要努力，大多能把事情做好；但等到中年之後，外在因素愈來愈多，比如說你結婚生子，或是在公司裡的聲望、職位提升，你會面對愈來愈多的不確定性。這時就算你壓抑自己，也可能面臨失敗，因而使你覺得非常無助，懷疑自己的能力。

　　你不欣賞喜歡只看未來趨勢又沒有執行力的人，也不喜歡做事沒有方向或是沒有想清楚就行動的人。因為你很目標導向，所以容易覺得只看未來的人不切實際，而隨波

逐流的人是在浪費生命、沒有好好發揮潛能。另外，你也不太欣賞不能「吃苦當吃補」、很常為自己找藉口的人。對你來說，生一點「小病」或是人生出了一點「小狀況」，都不應該變成前進的阻礙。

　　不過，社會還是需要有人願意做一些假設、願意去看未來的可能性，也許這些人的點子不可行，但如果我們沒有這些天馬行空的想法，也就沒有創新的可能。

　　有的時候，當邁向目標的路上充滿了阻力，也許是評估是否繼續下去的好時機。就像世界級的撲克選手安妮・杜克（Annie Duke）說的，有時放棄才是對的選擇，當外在世界的條件改變，或是我們的心態不一樣了，其實都要適時放手。正所謂「留得青山在，不怕沒柴燒」。

　　我們的世界也需要一些追求跟主流價值不同的人，因為有他們，我們才可能有慈善事業、才可能有藝術品，才能讓社會更豐富多元。

提醒 人生不只是劃掉待辦事項而已

你可能不太曉得自己的感受是什麼，也許某天忽然困惑，自己到底是因為得心應手才做某些事情，還是因為自己真的喜歡。

我建議你盡早開始探索，就算你已經很成功了，還是要適時問自己「我人生的意義是什麼」，然後也適時檢核「我今天身體好嗎」、「我舒不舒服」、「我做這件事情開心嗎」、「我現在的心情是什麼」。若你一直壓抑情緒，某天可能會爆發，像我一樣憂鬱症，會忽然大哭卻不知道為什麼。

你要理解這個世界有太多變數是無法操控的，不管計畫得多詳細、付出多少努力，總會有意外。例如你覺得 30 歲要當主管、31 歲結婚、32 歲生小孩……，但這三個目標都不完全掌控在你的手中。你可能非常努力，但正要升遷時卻碰到金融海嘯，或是原本的結婚對象忽然離開你，又或者你達成了前面兩個目標，卻很難受孕。

　　當這類狀況發生時，不要只是哀嘆命運，因為這也是人生的滋味。你要放寬心，這樣日子會好過一些。

　　你可能總是想贏過別人，所以一直在比較。這在年輕時會是前進的動力，因為比不過某個人，於是更努力。但隨著年紀增長，你很可能碰到一個狀況：都這麼努力了，還是比不過，結果懷疑自己是不是很廢。這就回到我剛剛說的，努力不代表一定有成果，因為很多事情是你無法控制的。

　　還有就是，你不可能每次都贏，就算念了名校、拿到博士，只要走到世界的舞臺，一定有人在同樣的年紀比你做得更多更好。如果你總是想要做到完美，很容易會陷入負面情緒。所以，與其追求完美，不如追求完整，你要整合自己壓抑的一面，才能讓你變成獨一無二的人。

　　我認識許多 ESTJ 都很喜歡寫「待辦事項」，每次劃

掉一件事，就有很大的成就感跟喜悅。比如說，你規劃家庭旅行會安排好時間表，逐一完成事項所帶給你的喜悅甚至比實際旅遊還來得多。

　　但你要知道，不是每件事都要績效導向，有些活動沒有放在待辦事項裡，卻還是對人生很重要，像是跟家人聊聊天，或是讓自己運動、靜靜心等。如果你沒有搞懂這點，可能覺得人生愈來愈無趣，因為你一直想著如何把待辦事項劃掉。但人生其實不只是「設定目標，然後完成它」，所以請饒過自己和身邊的人，不要總是想著如何達成目標，在這趟旅程上卻沒有好好欣賞路旁的風景。

　　完整的 ESTJ 願意接受新的資訊、預留空間做新嘗試，也願意發展自己跟情緒、身體的連結。如此一來，就能考量人性，擬定更能讓人發展並投入的執行計畫。完整的 ESTJ 在設定目標之前，會先詢問自己為什麼這樣設定，並靜下來思考這件事情是為了自己，還是自己「以

為」其他人需要的照顧。

　　這樣的 ESTJ 在碰到阻力或情緒不穩定、生病不舒服時，也懂得停下來看看是否身體在發出一些訊號，同時也知道什麼時候該放手，什麼時候該發揮自己的恆毅力。

你帶給世界的禮物

" 追求有系統的組織管理 "

\# 執行力

\# 整合力

\# 管理

Chapter 10

I_FP
透過自身感受而了解世界

在追求效率和成就的世界裡，
I_FP 可能學著包裝自己、做「對」的事情，
但這麼做會讓他們愈來愈不喜歡自己。
但 I_FP 需要理解，人是可能成長與改變的，
不要因為看到現狀，覺得無力就逃避。
I_FP 需要學著將內心的喜怒哀樂表達出來，
就算表達後還是不被理解，那些都是學習，
也都是讓自己成長的養分。

I_FP 和你有幾分像？

你在 35 歲之前……

☐ 情感和想像力豐富，有時無法用言語清楚說明。

☐ 注重自己的價值觀，並以此當成做決定時的最重要考量。

☐ 常常覺得跟外在世界格格不入，或是別人無法了解你的世界。

☐ 傾向花更多時間關注自己的內在，而不是外在世界。

☐ 傾向從反思或獨處中獲得能量，如果獨處的時間太少，會覺得
　虛脫。

☐ 比較不喜歡用邏輯做分析（例如 SWOT、優缺點分析等）。

☐ 做事情傾向靈活應對、隨遇而安，較不傾向擬定計畫再按部就
　班執行。

☐ 容易被當成愛拖延的人，但是若感覺來了，可以廢寢忘食投入
　工作。

※ 如果你想初步「探索」ISFP／INFP 有多符合你，可以參考以上敘述與你相符的程
度。但請務必注意，以上並非 MBTI 官方的正式評量，千萬不要以此「認定」你的人格
類型。

　　I_FP 非常注重自己內心的感受，與其說故意重視，倒不如說他們無法忽略內心感受或不受其影響。不管做任何事情，他們總是最先關注：「我現在舒不舒服、開不開心？」如果找到熱愛又與自身信念連結的事物，可以完全投入；反之，如果是自己感受不對或違反信念的事情，就算符合社會標準，也會做得非常痛苦。

　　I_FP 面對別人時，可能像品酒師在跟不懂酒的人溝通。他們正在慢慢品嚐酒，透過分析酒果酸、單寧、酒精、甜度、酒體等，確認自己是否喜歡這支酒，但對於只想很快知道「這酒好不好喝？值不值得買？」的人，他們的反應實在有點慢，而且，真的想太多。在一個追求效率和成就的世界裡，I_FP 可能覺得跟不上腳步，或是內在世界不被認同與了解。

　　對於別人要求不要「想那麼多」、不要管感受，就去做該做的事情，I_FP 真的覺得很痛苦。因為他們隨時都跟自己的情緒有強烈連結，所以要他們不管感覺就做「符合邏輯的事情」，就像醫生說為了你的健康必須動手術，但是卻不給你打麻醉針一樣。別人可能說：「你應該要開

刀，為什麼不開？」那是因為就算 I_FP 知道是該做的事情，還是可能因為每一分每一秒都可以感受到那個不舒服與疼痛而卻步。

內心有個情緒澎湃的光譜

　　I_FP 天生情感豐富，別人的「開心」，在 I_FP 的內心可能分成一百種不同等級的光譜，從「狂喜」到「欣慰」、「寧靜安心的喜悅」、「悲欣」等。

　　在小時候，當語言能力還不足以表達感受或用來理解自己的狀態時，I_FP 可能一直無法跳脫外在事件造成的情緒漩渦，因而花很多時間待在自己的內心世界，讓人覺得他們怎麼都沒有反應、一直坐在那邊發呆。殊不知他們其實內心暗潮洶湧，有很多的情感跟資訊需要翻譯和消化，更需要組織最合適的文字來表達，結果就是他們容易被誤解為心不在焉的人。

　　若被貼上這種標籤，又沒有遇到外在環境逼他們跨出那一步，他們可能就一直卡在「活著好難」的思維中。

　　對 I_FP 而言，從小花時間理解自己喜歡什麼、不喜歡什麼，以及為什麼會這樣，是非常重要的。透過這些練習，I_FP 才能慢慢了解自己的信念，而這是他們做任何事情的動機。只要與內在情感產生連結、做了自己熱愛的事情，他們可以廢寢忘食、完全投入其中。如果他們有幸展現出這一面，這種對事物的熱情是令人羨慕的。

　　然而，若要釐清自身的感受與信念，需要獨處思考，並探索、嘗試自己有興趣的事情。如果碰巧碰到重視社會價值、效率的家長或照顧者，不願意讓他們花太多時間「發呆」或是做一些「沒用的事情」，他們就會變成沒有導航系統的船隻，覺得自己一直在漂泊，不知道何去何從、自己存在的意義究竟是什麼。

　　因為每件事情都需要跟內在豐富的情感確認，所以 I_FP 的反應看起來比較慢，在一個追求效能的環境或組織中，容易跟个上大家談話的速度或插个上話，因而容易被人低估了能力。I_FP 在團體中的貢獻也可能沒有被看到，或是沒有足夠的舞台可以讓他們發揮。如果他們接受

了別人的投射，漸漸就會認定自己能力較差，成為在團體中的邊緣人。

不過，如果 I_FP 生長在一個充滿愛的環境，而且他們的特質被賦予價值，或是他們在一個比較多元共融或重視創意的組織，有足夠的時間跟空間觀察與獨處思考，他們常常可以提出別人意想不到的見解，或是產出令人驚豔的成果。

直到被踩到線之前，都很隨和

I_FP 的外表通常看起來比內心隨和，因為他們不想跟人爭執或引來關注，所以會極力避免衝突。不過，一旦別人踩到 I_FP 的線，I_FP 也可以很堅強地捍衛自己的理念，或是直接來個永不見面，讓其他人有些錯愕。

例如，I_FP 跟同事出去吃午餐，明明他吃素，大家卻選擇去牛肉麵店。這時他可能會配合，心想到時候吃點小菜或是另外找點素食來吃就好。但是如果其他人嘲笑他吃素的選擇或是說他不合群，那就踩到他的線了。

　　所以，如果有一天你的 I_FP 親人或朋友忽然從你身邊消失，或是對你非常冷淡，那可能就是你不小心踩到他的底線，而他在心中已經跟你劃清界線了。

　　你可能覺得，為什麼他們不事先警告大家底線在哪呢？第一，很可能他們說過了，只是大家覺得他輕描淡寫，所以忽視了重要性。第二，有時他們自己也不太清楚底線在哪，直到別人越線才明白，不過這時候可能已經太遲了。第三，I_FP 的人滿能夠接受每個人的全貌，他們通常不太會期待別人改變，因而也沒有什麼特別的理由要將自己的想法告訴別人。

　　I_FP 不只會逃避與別人的衝突，也可能逃避與自己內在的衝突。當腦中冒出衝突的想法，他們會很焦慮，想要逃避。

　　例如 I_FP 明明想要嘗試些什麼，但是已經內化了從小到大的教育（學這個一點用都沒有），因此就算長大沒有人管了，內在的反對聲音也一直冒出來，導致他們踏不

出那一步。或者，因為他們討厭別人用制度規範自己，所以當自己擔任師長或老闆，必須用制度來規範別人時，他們會說不出口，或是無法面對自己成為這樣的「施壓者」。

　　當他人的表現不如自己的期待時，I_FP 因為說不清楚自己的感受，又怕說了傷到別人，也害怕自己受傷，就會想要回到自己的世界，與外在世界隔離。如果這樣的狀態久了，可能會愈來愈憤世嫉俗，或是愈來愈無法與人群相處。

　　但是 I_FP 需要理解，人是可能成長與改變的，不要因為看到現狀而感到無力，就選擇逃避。I_FP 需要學習如何將內心所有感受到的喜怒哀樂都表達出來，就算表達後不被理解，那些都是學習，也都是讓自己成長的養分。

想讓他人做自己，無意間卻情緒勒索

　　I_FP 最討厭被情緒勒索，但是他們卻可能無意間這麼對待別人。I_FP 最希望每個人都可以表裡一致，做最真實的自己，因此，他們通常對別人很包容。但是，當他們因為不太擅長透過溝通或資源整合達到目標時，可能陷入自己的情緒中，由於沒辦法透過邏輯來表達訴求，或是用邏輯和語言吵不過別人，可能會用情緒表現來最有效率地達到想要的效果。尤其是平常隨和又樂意配合的 I_FP，當他們開始因為衝突避而不見，或是完全不展露情緒時，這樣大的反差常常讓他們可以情緒勒索成功。

　　就講剛剛同事相約去吃牛肉麵的例子，如果 I_FP 從很和善忽然變得態度冷淡，丟下一句「沒關係，你們去就好」便轉身離開，在意他的同事可能會馬上提出替代方案，要大家一起去素食餐廳吃飯。但是 I_FP 如果常用這招，可能被貼上「太情緒化」的標籤，讓人開始遠離他，或是不看重他的情緒。

不希望像機器人一樣地過活

內向情感的人通常較不擅長外向思考，所以 I_FP 通常執行力較弱。I_FP 的內在世界太龐大，想法多到數不清，讓他們很多時候不知道要從哪裡開始做起，因此常常會拖延或是乾脆不做。

I_FP 需要記得，自己不是沒有邏輯，也不是沒有執行力，但可能因為從小一直聽別人說「你沒有」，或是痛恨那種只靠著邏輯、像機器人一樣不帶情感的生活，導致 I_FP 排斥運用邏輯。特別是如果小時候因為這樣過得很辛苦，更會排斥限制別人。

在社會化的過程中，I_FP 必須學習一套可以應付社會的方式，他們可能學著包裝自己，不跟太多人分享內在的情感，選擇性地表現真實的自己。很成功的 I_FP 可以透過學習邏輯、語言或創作，來用社會認可的方式呈現自身的特質。

然而，許多 I_FP 卡在這個過程中，變成想辦法麻痺

自己、學習做「對」的事情。這樣做對他們來說痛苦萬分，也會讓他們愈來愈不喜歡自己的存在。

　　當 I_FP 已經將自己與外面世界兩極化，定位成敵方與我方時，他們可能完全放棄理智與邏輯，覺得這都是「凡夫俗子」才要面對的「世俗」事情；或者，他們可能完全接受外界的標準，覺得自己就是這世界上最沒價值的人，努力鞭策自己成為外界認為有價值的人，並在這路途中喪失了所有的自信。這兩種狀況都會阻礙他們的成長。

　　I_FP 常常羨慕不需要為了五斗米折腰的同類，覺得只有不愁吃不愁穿的 I_FP 才能好好做自己、好好發展潛能，但這其實並不正確。沒有社會壓力的 I_FP 可能沒有動力離開自己的內在世界，漸漸因為自己無所作為而感到焦慮，愈發找不到自己存在的意義。所以，「適當」的壓力是推動 I_FP 成長與自我實現的重要元素。

致 ISFP：
「把你的情緒化為作品呈現出來」

● ISFP 是最符合你的類型嗎？

☐ 相較於說話，你更善於透過身體和創作表達自己的情緒。

☐ 你較不重視外在環境，較多時間活在內在的世界。

☐ 你傾向專注活在當下。

☐ 你傾向仰賴感官所獲得的資訊。

● 身邊的人可能這樣形容你

☐ 藝術家　　☐ 注重隱私　　☐ 關心他人　　☐ 民主

☐ 思想開放　☐ 隨和　　　　☐ 配合度高　　☐ 沉靜

☐ 謙虛　　　☐ 願意變通　　☐ 愛好自由　　☐ 容易共情

☐ 敏感　　　☐ 愛拖延　　　☐ 行動力比較差

※ 如果你想初步「探索」ISFP 有多符合你，可以參考以上敘述與你相符的程度。但請務必注意，以上並非 MBTI 官方的正式評量，千萬不要以此「認定」你的人格類型。

　　《巧克力情人》（*Like Water for Chocolate*）這個故事滿有名的，女主角蒂塔在墨西哥長大，是老么，而根據那個年代的習俗，么女不可以結婚，必須照顧父母一輩子。蒂塔非常會做菜，能透過菜餚表達情感。當他愛一個人卻無法說出口時，就會把情感全都做進菜餚裡，不論是誰，吃的時候都能充分感受到，因而會哭、會笑、會感動，或是會想談戀愛。

　　BTS 的老么田柾國有著絕對音感，不管是唱歌、跳舞、畫畫、攝影，都表現卓越，因而被稱為「黃金忙內」（團中什麼都會的老么）。其他團員說他常常自學，透過看 YouTube 頻道再自己練習，就可以學會很多看似困難的技術。他自己曾說，對於外在環境不太關心，也許因此他可以更專注鍛鍊肢體控制與藝術創作。

特質 與其說出情感，不如獻上創作

　　你的情感豐富，也注重自身信念。你希望自己做的事情都能跟這些信念有所連結，這樣才容易找到動力。你也傾向用實做來體現你的情感，例如寫作、畫畫、唱歌，讓別人可以透過感官感受你的情緒。當你可以找到自己最擅長的方式時，你可能比其他人成功，因為你可以完全專注對內，並廢寢忘食地沉浸其中。

　　如果你有獨處的空間，也沒有時間限制，並可以透過實際操作自由發揮，把你的情緒融入其中，創作出你感興趣或是跟你的信念有所連結的事物，這會是你的心流狀態。

　　雖然你的情感豐富，但你不一定擅長用語言表達。你給愛的方式常常是獻上創作，例如寫歌給你愛的人（許多歌手都是 ISFP）或是為他做你擅長的事（煮他最愛的料理）等。你對你愛的人非常包容，願意讓他做自己。就算他不小心傷害你，你通常也可以接受這是他的一部分。

關卡　知道自己不要什麼，卻說不清要什麼

如果你不夠了解自己的信念，做任何事情都可能找不到動力。你只知道自己不要什麼，卻說不清要什麼。你也可能被現實生活的一些細節壓得喘不過氣，加上你傾向避開衝突，可能會往內縮，逃避做決定，把決定權交給別人或環境。

如果你沒有練習運用感官來吸收資訊或取得回饋，你會不容易知道自己的信念或想法是不是有偏差。你也可能太自我中心，或是無法實踐自己。

當你壓力大的時候，容易不信任感官獲得的資訊，變得過度相信直覺，然後硬把自己的生活經驗套進去，對自己洗腦「這個是實際的」、「這個是可能的」。雖然你的確有些敏銳的直覺，卻不一定都準。

你可以嘗試發展這部分，每次有些直覺或是天馬行空的想法就先記錄下來，再慢慢觀察有多少後來成為事實、有多少成為可以幫助你的要素。只要發展得好，你就能更

了解別人在想什麼，對這世界也有比較深刻的詮釋，讓你可以編織出更宏大的夢想。

　　你最不擅長設定目標跟追求效率，但是當人生不順時，你可能覺得這才是應該的做法，你會讓你的感官關機，學習放下情感。

　　如果只是暫時如此那倒還好，但如果時間長一點，你會長期無法接收新資訊，變得活在自己的泡泡裡，覺得無力改變現狀，變得自怨自艾；或者，你會轉而專注在不是實際問題的問題上，例如感情出了狀況，你就過度專注工作，一直找工作上的問題來處理。此外，你也可能變得對自己很苛刻，或是完全抗拒符合邏輯的事情或體系。

　　你可能討厭非常實事求是、不重視非物質的東西、看似沒有情感的人。對你來說，這些人就像是看到藝術品只會問多少錢的人，有些世俗，也很難理解真正的你。

　　不過，請想想為什麼藝人身邊需要經紀人？因為人在這個社會上難免遇到柴米油鹽醬醋茶的雜事，而這些事情

還是需要有能力的人去處理。就算藝術家的作品很厲害，如果沒有人買，藝術家還是無法溫飽。所以，這個社會也需要能夠有條理地思考未來可能性，並有邏輯地規劃、交易的人才。

提醒 勇敢踏出第一步，找到自己的信念

　　請多多欣賞自己，如果你覺得自己懶惰、執行力差，很可能是因為不太曉得自己的信念或長處是什麼。這沒有關係，花一些時間嘗試不同的事情，透過實做、用感官蒐集訊息來了解自己喜歡什麼。

　　不要給自己太大的壓力，認為自己做某件事就一定要變成專業人士，也不要老是問自己「學這個有什麼用」。對於你想嘗試的事情，做就對了，例如學跳舞、插花、畫畫、做菜等，就算跟你的工作無關，這些事情還是可以將你卡在頭腦裡的思緒與卡在身體中的情緒抒發出來。實做好似打通任督二脈，可以協助你找到信念。一旦了解了自己的信念是什麼，你會變得更強大。

　　當然，這可能是一場長期抗戰，而對你來說，最難的

就是踏出第一步。一旦開始了，你就可以繼續下去。你可以考慮使用番茄鐘這個工具，不要一開始就設定「我今天一定要把這件事全部做完」，你只要告訴自己：「沒有壓力，我只要專心做 25 分鐘就好，時間到了我就休息。」藉著這種方式來提升行動力。你會發現一旦開始之後，就有可能樂在其中，做完 25 分鐘也不想停止。

你也要多了解自己的需求，因為你重視和諧的環境，不喜歡強出頭，所以容易過度配合別人，導致自己虛脫。你需要找到自己的界限，知道什麼情況下自己會不舒服，不能再繼續付出，並學習果決地說不。

你的臉皮可能比較薄一點，本來也比較低調，所以比較怕犯錯被指出來。這種時候你可能覺得：「啊，那就不要再做了，我可能真的很差。」請千萬不要這麼想，每個人都會犯錯，再從錯誤中學習。所以，我建議你抱持成長型心態，在做每一件事情的時候都告訴自己「有失敗的可能」。當你事先給自己打了預防針，萬一真的失敗，你會知道這只是成功的養分，你可以獲取經驗，思考下一次怎

麼做。請切記，不要被自己的錯誤或是挫折打擊信心。

　　另一點可以學習的，就是面對問題不要逃避。當你遇
到衝突，或是必須做比較艱難的決定時，你可能會消極地
讓外界替你決定，但這種方式會讓你無法掌控自己的人生。

　　你真的希望把人生的決定權交給別人嗎？所以，就算
決定很困難，就算可能做錯決定，都沒有關係，還是勇敢
做決定，不要逃避。

　　再來，請嘗試直接跟別人溝通，特別是當別人踩到了
你的線，不要等到自己受傷了才說，你是有權利發聲的。
有時候你拐彎抹角，怕傷了別人的心，但別人不一定了解
你的隱喻，結果就是沒抓到你想說的事情。

　　我建議你不要想太多，就很誠懇地給別人回饋，別人
如果承受不了，那是他要學習的功課。而且，很多人其實
承受得住，可能還會感激你給他這樣的回饋。

　　我也建議每次你的情緒出來時，就透過唱歌、寫作或
其他事情來抒發，每次只要 2、30 分鐘也行。這不但能宣

洩情緒，還可能因此發現自己有意想不到的特長！

　　最後，希望你不要一味謙虛，因為在現實社會裡需要適當地展現自己。這不是說要誇大自己，而是不要低估自己的實力，你很可能真的比自己想像的更好，你只要試試看用你看別人的標準來看自己就知道了。

　　完整的 ISFP 可以理解，有時待人處事需要有冷靜客觀的時刻，也不再會排斥或是不屑商業行為。你將會知道什麼時候必須對自己的信念有所堅持，什麼時候又可以仰賴其他人的推理去做一些調整。

你帶給世界的禮物

"
把豐沛的情感轉換成藝術
"

\# 感性

\# 創造力

\# 學習力

致 INFP：
「把在地球的人生當作修行之旅」

● INFP 是最符合你的類型嗎？

☐ 你可能不只一次覺得自己是外星人。

☐ 你有時不太能用別人聽得懂的方式表達想法。

☐ 你碰到感興趣的事物時，能專注而深入，但是沒有太多興趣的事情，就容易放空或放棄。

☐ 你可能喜歡透過玄學／哲學／心理學等探索生命的意義。

● 身邊的人可能這樣形容你

☐ 理想主義	☐ 忠於自己的價值觀	☐ 包容
☐ 有好奇心	☐ 能預測事情發展	☐ 善於反思
☐ 忠於自己重視的人	☐ 適應力強	☐ 有彈性
☐ 試圖了解別人	☐ 藝術家	☐ 執著於理念的實踐
☐ 敏感	☐ 粗心	☐ 懶散

※ 如果你想初步「探索」INFP 有多符合你，可以參考以上敘述與你相符的程度。但請務必注意，以上並非 MBTI 官方的正式評量，千萬不要以此「認定」你的人格類型。

　　比較經典的 INFP 好像就是《哈利波特》的露娜，他感覺有些時候滿邊緣的，好像沒有什麼自己的意見，也滿好相處的。但是在重要的時候，他會分享一些觀察入微的東西。當大家需要凝聚在一起對抗大魔王時，他也是充滿力量的勇士，可以奮不顧身地作戰，一點都不像之前的被動模樣。

　　設計 MBTI 評量的母女檔中，女兒伊莎貝爾也是 INFP，所以當他將對人的好奇與觀察轉換成研究，設計出這個評量來幫助人們更了解自己，這就是他帶給這世界的禮物。

　　BTS 的 V（金泰亨）雖然有幾次不同的評量結果，但是對於忠實 ARMY 的我來說，他比較傾向 INFP。他的團員曾在節目上被問問題，還要互相猜測其他團員的答案，大家想到 V 的時候都說他很難猜，因為他不太按牌理出牌。果真，被問到在疫情後他最希望給粉絲什麼，其他的團員會說演唱會之類的，他卻最希望給粉絲錢，這個答案讓大家聽了目瞪口呆，完全展現 INFP 的魅力。

特質　能深入鑽研與創作，完全忘記時間

　　你可能比其他人更敏感，常常有很多感受需要消化，所以你傾向根據情感及信念來做決定。你也充滿好奇心，想要研究各種事情。為了多方探索、加深對這個世界的理解，你會看書、看影片或跟別人討論，可能也會做不同的工作、學習不同的東西。所以一旦你融會貫通，常常可以有獨創或深入的見解，讓大家驚豔！

　　你非常有創意，又忠於自己的信念，而且對於探索人性非常感興趣，你很想知道為什麼人會這樣做、為什麼世界會這樣發展。例如你在學習或研究東西的過程中，可以廢寢忘食、完全忘記時間，而且你願意主動去做這樣的事情，還可以沒有什麼壓力地做。所以當你可以發揮這方面的長才，多多學習、探索人性，這會是你的心流狀態，你甚至可以研發出理論來幫助他人、對這世界有所貢獻。

　　因為你可以看到一些趨勢，也洞悉人類的情感，所以你其實有某種「超能力」，有時可以比其他人更早了解他

們的感受與想法。相較於有類似超能力的 INFJ，你比較能設定好界線，不被別人影響或是切斷關係。

　　你對別人非常包容，很可能因為你常常自認是怪咖，或被別人這樣看待，所以當別人做出一些脫序的事情，你比較不會用自己的價值觀套在別人身上、要求別人改變。尤其對於愛的人，你會給足對方做自己的空間，就算對方做的事情大部分的人都無法接受，但你還是願意繼續陪伴。你會尊重對方的想法，就算跟自身利益不符也一樣。例如對方想跟你分手，就算你已經付出很多，也還是深愛對方，你可能還是會因為尊重對方而不嘗試挽回。

　　你在成長的過程中可能因為溝通受挫，而慢慢不跟其他人分享想法，因為說不清楚，有些也可能太黑暗了。但是對於你真正愛的人，你比較願意嘗試分享真正的想法跟脆弱的地方。

關卡 被迫與現實妥協讓你懷疑人生

如果父母或生長環境從小就要求你遵循他們的規範，不給你任何機會去了解自己，你可能一直不曉得自己的信念是什麼。於是，你容易做什麼事情都覺得沒有意義，又好像都有興趣，結果就是什麼都碰，卻都是三分鐘熱度，最後讓你懷疑自己的人生到底在做什麼。

也許一直有人說你期待的理想並不可能，要你回歸現實，不要再夢想。當有太多人要你跟現實妥協的時候，可能讓你自暴自棄，覺得「乾脆不要想，反正我就必須妥協」，因而放棄發揮自己的長處，也就是你的理想、你的夢想。

面對外在世界給你的挑戰，你也可能選擇反抗，你會建立一個保護圈來保護自己。這時候，你可能異常有自信，覺得「我的理想才是對的，你們這些凡夫俗子太俗氣」，你可能想要硬著來實現理想，而不去看現實的狀態。當你被觸發、太過生氣時，你可能乾脆完全放棄理智，不做任何邏輯分析，堅持要走自己的路。

當你沒有機會嘗試新的東西或是人生閱歷太少,可能過度仰賴過去的經驗,記得過去別人的批評和失敗的嘗試,養成習得無助感,自認「反正不管我做什麼都不會成功,人家都說不行〉,因而無所作為。

或者,當別人講到太細節、太實際的事情,你的魂魄就會飄走,因為這些是你最不擅長的,所以只要談到你就可能覺得「好解嗨」,有點像把你從天上拉下來的感覺。

如果你成長的環境正好很欣賞你的特質,你可能會過度發揮天馬行空的想法,太專注在扮演黑洞,吞沒了各種實際考量,反而抑制自身邏輯與落地思考的發展。

你比較不擅長看實際的局面、分析現狀,也不太擅長了解從何下手解決問題。加上因為想法太多,較難釐清或表達,所以家長、主管或老師,尤其是注重細節跟效率的人,就容易跟你不對盤,覺得你做事怎麼這麼沒有思考邏輯,或是質疑你到底在發什麼呆。

你也不擅長運用一些大家推崇的分析工具,例如SWOT。這對你來說是相對困難又無趣的事情,因為你覺

得太僵化，條列式的敘述根本沒有辦法看到全貌。

　　對於很市儈、就事論事、講話很快、過度分析事務的人，你的感受與其說是討厭，不如說是害怕，因為這些人可能代表了這個社會的價值觀，或是從小壓迫你不能做自己的人。你了解這些特質比較能讓人在社會生存與成功，但你真的覺得好難，而且每當你想培養這些特質時就會很挫折。比較社會化的你也許可以裝成這個樣子，但內心深處總是多少覺得這樣子有點市儈、膚淺。

　　你其實很明白這些人在社會上的重要性，只是你可能真的不太喜歡這個世界。不過既來之則安之，就像我們上學，不是每一科我們都喜歡，但既然是必修課，還是得了解一下這堂課的評分方式，也要想辦法達到標準才能及格畢業。這些你可能不太欣賞的人就像是這些科目的學霸，他們知道怎麼在這裡拿到高分，所以有很多值得你學習的地方。

提醒 來到地球冒險，不要怕受傷

對其他人來說，你好像有點跳 tone，怎麼一下喜歡這個、一下喜歡那個，尤其當別人看不出你嘗試的東西之間有什麼連結，或是覺得「沒有用」，可能就會覺得你活在自己的世界裡，不懂人情世故和社會的生存法則，常常浪費時間；或者，其他人不知道你其實只是想要多方嘗試，才會有時候忽然飄過來又忽然飄走，因而誤解你是三分鐘熱度或沒有紀律的人。

你可能從小因為種種壓力而覺得「我真是一個很廢的人」，或懷疑自己是不是真的這麼懶、為什麼找不到動力、自己的人生到底在幹麼，但請記得榮格的理念：「你是這世界的禮物。」你有你的特質，而世界需要你這樣子的人，所以請了解你的特質、多去發揮吧。

你需要多嘗試探索不同的事物，透過經驗的累積了解自己喜歡什麼、什麼是自己的堅持。只有透過對外互動，你才能有更多的知識、資訊，可以讓你知道什麼是對的、

什麼是錯的，以及什麼對自己是重要的。

　　但很難的是，因為你表現出來的狀態容易在社會上遭受抨擊或不被接受，所以你受挫時容易覺得「哎，算了，我回到我安全的窩裡好了，我不想再探索、不想再跟外面有互動」。這是比較危險的，因為一旦停止探索，你就停止成長了。所以，請不要怕，還是要繼續往外看。

　　年輕不知道社會險惡的你，可能很容易就把自己脆弱的那一面給別人看，但經過幾次受傷的經驗後，慢慢就會退縮回去，開始有一些保護自己的機制。雖然你要適度保護自己，不要讓自己這麼容易受傷，但請不要因此就封閉自己、對人生失去信心。

　　許多 INFP 都覺得自己是外星人，如果你也這麼想，那麼請想像你來到地球，就是要學習這裡的生存法則。完整的 INFP 不會一直關注自己跟這個世界有多麼格格不入，而會試著了解自己的想法在這個世界有多特別，然後加強執行力去落實夢想，將頭腦中的創意和難以解說的想法化為成果，帶給這個世界意想不到的驚喜。

你帶給世界的禮物

" 透過整合內在世界，發展跳脫框架的思維 "

靈魂自由
探討人性
創意思考

Chapter 11

E_FJ
重視人與人之間的理解以及團體和諧

E_FJ 就像「愛心樹」，為了別人奉獻一生。

不過，E_FJ 需要了解社會需要各式各樣不同價值觀的人，

才能達到多元共融。

一旦 E_FJ 明白了團體「合久必分，分久必合」，

就算大家不融洽也是 OK 的，

而且衝突或分開不一定是壞事，

也許是成長的開始，

讓他們有機會成為每個團體都需要的小太陽。

E_FJ 和你有幾分像？

你在 35 歲之前⋯⋯

☐ 相較於關心自身感受，更傾向花時間關心別人的想法與團隊的和諧。

☐ 做決定時比較少考慮是否符合邏輯，而是關注對大家的感受、團體的動力有何影響。

☐ 做事的時候，比較喜歡事前規劃，再按部就班執行。

☐ 有時候看到別人開心比自己開心還更重要。

☐ 比較能從外在世界或與他人的互動中獲得能量。

☐ 有時為了和諧，不願意看到真相。

☐ 對你來說，就算是符合邏輯的事情，如果做了會讓很多人不開心，那就不應該做。

☐ 覺得家和萬事興，應該勸和不勸離。

☐ 容易被別人的情緒綁架，容易犧牲自己去滿足別人。

※ 如果你想初步「探索」ENFJ／ESFJ 有多符合你，可以參考以上敘述與你相符的程度。但請務必注意，以上並非 MBTI 官方的正式評量，千萬不要以此「認定」你的人格類型。

　　E_FJ 很可能從小就超齡扮演公關與和事佬的角色。因為重視人與人的溝通和關係的和諧，為了讓大家都開心、都不起衝突，他們專注在了解別人的需求，並想辦法加以滿足。

　　E_FJ 到哪裡都對「潛規則」非常敏感，他們有時會對邏輯思考「睜一隻眼閉一隻眼」，例如有些社會傳統或是大家都喜歡的東西其實並不合理，但他們可能選擇視而不見，因為如果看到事情的真相，或是將一些事情攤開來說，他們辛苦維護的和諧可能被破壞。

　　對於 E_FJ 來說，只要能讓大家開心，就算不合邏輯或自己不喜歡，他們還是會硬著頭皮去做「對」的事情。如果從小這麼做就被看到也受到讚賞，他們長大後會愈來愈美化「犧牲自己成就他人」的價值。只要別人表達感激，他們就會覺得一切都值得了。

熱心助人的 24 小時諮詢熱線

E_FJ 可以在別人難過時提供安慰，或是在別人衝突時扮演和事佬，久而久之大家碰到問題就會去找他們，也會肯定他們的能力，使得「滿足別人需求」成為他們的成就感來源，因而「一不小心」就一直被「弱勢」的人吸引，讓自己的社交活動多到要「跑攤」。

E_FJ 不知不覺成為團體中大家可以仰賴的對象，又可能人緣太好，擔任連結不同團體的橋樑，因此其他人不管跟他們交情如何，都有可能把他們的電話當成 24 小時諮詢熱線。

這樣的狀況，可能讓 E_FJ 真正親近的人覺得他們重視別人勝過自己，因為想對每個人都公平時，可能等同對自己愛的人不公平。

E_FJ 的壓力常常來自於無法滿足大家的需求，當他們很累的時候，可能想推掉這個「里長伯／管家婆」的責任，卻又怕從此不被重視而來回擺盪。於是，可能借用親

人的力量來暫時回絕別人，像是：

「我媽媽不讓我去。」
「我老婆說不行。」
「我小孩功課要看。」

但這有可能讓身邊的人不小心扮黑臉，讓人覺得：
「他老公／老婆好兇，管好多！」E_FJ 需要注意，這樣
的人設只把自己當成好人，卻讓身邊的人當反派，有時會
讓身邊的人感到不爽。

為了讓別人開心而忽略自己的感受

E_FJ 擅長透過與人的溝通來刺激學習動機。尤其小
時候還不太曉得自己喜歡什麼，他們很可能為了讓家人開
心或是符合別人的期待而去學習。例如，暑假有科學夏令
營跟話劇夏令營，他們可能因為父母說學科學比較有前途
而選擇科學，或是因為朋友都去話劇而選擇話劇。

　　不論如何，他們可能不太知道自己真的喜歡哪一個，或是就算知道，但那個喜歡不足以抗衡別人的不喜歡，所以就選擇不管自己的感受。

　　結果就是，他們常常成為父母覺得最貼心的孩子，或是朋友覺得最可靠、最值得信賴的支柱。因為人緣好，也是大家「最可以依賴的人」，他們愈來愈不去探索自己喜歡什麼，尤其是隱約感受到自己的喜好並不符合他人期待的時候。

　　由於老是扮演公關，又能理解別人的需求，E_FJ 可能從小就受到大家喜愛。於是，他們對於別人不喜歡自己非常敏感，尤其是不成熟的 E_FJ，就算只有一個人不喜歡自己也會嫌多，常花心思去討好不熟的人或是團體中的少數。一旦有人不喜歡他們，他們就覺得好像喉嚨卡到刺，不管刺有多小，就是不舒服。

　　不成熟的 E_FJ 往往認為：「本來就是大家互相看到對方的需求，然後犧牲自己來滿足他人啊。」由於他們看得到別人的需求，還會自我犧牲，因此也會希望其他人比

照辦理。E_FJ 不想做「自私」的人，所以他們期待別人能自動自發地看到、滿足他們的需求，當別人沒有這麼做時，他們可能會非常傷心或憤怒。

當愛心樹不再被需要的時候

　　E_FJ 容易感覺自己被別人的情緒綁架，或是被別人的情緒所傷。E_FJ 有時看不出來別人只是就事論事、講出想法，並沒有一定要人照著他們的方法做事，但 E_FJ 卻可能為此改變自己來滿足別人。

　　如果 E_FJ 認定自己為了凝聚團體的付出是「犧牲」，當某天忽然發現自己花了那麼多心血，還是沒有獲得大家的喜歡與認可，甚至還被指責管太多，一直壓抑自身需求的 E_FJ 可能就會爆發，變得斤斤計較、過度批判，這時大家會被好好先生／好好小姐的暴走給嚇到。

　　有些 E_FJ 在不受重視之後，會開始覺得自己好可憐或是被背叛，把自己講得非常命苦，像「愛心樹」（the

giving tree）一樣，為了別人奉獻一生。但事實上，是他
們自己告訴別人「你可以砍了我」的。

如果有一天，E_FJ 感覺不被需要，那個空虛的感受
可能讓他們難以承受。這時他們也許會覺得人生沒有意
義，或是別人已經不愛他們，卻沒有看到這是每個人成長
必經的過程，因為只有沒有成長的人才會一直依賴別人。

當 E_FJ 不管怎麼做都無法維持團隊和諧或被看到價
值時，可能遠離人群，告訴自己從此不再跟人往來（這個
比較難維持長久），或是講話愈來愈酸或帶有諷刺，或
者，會透過情緒勒索讓別人達到自己的期待。這些都是
E_FJ 在受過傷、沒有自信，或小時候曾被暴力對待時可
能發展出來的狀況。

真正的和諧不是大家都一樣

E_FJ 很了解人需要群體生活才能生存，他們費盡心
思好讓大家聚在一起，鞏固他們認為和諧的團體動能。如
果 E_FJ 好好發展邏輯，釐清自己與他人在感情上的界

線，了解團體「合久必分，分久必合」，而且衝突或分開不一定不好，也可能是成長的開始，他們將有機會成為每個團體都需要的小太陽。

　　但如果 E_FJ 沒有發展好邏輯，可能無法接受有些人更重視自己的價值觀而非團體生活，當這些人與主流價值起衝突而選擇脫隊時，E_FJ 就可能用道德觀、宗教、潛規則或是自己的情緒來控制他們，要求對方的行為合乎社會規範，比如說對於選擇不婚或不生育的人施壓，告訴對方人到了幾歲應該結婚生子、他們這樣選擇並不正確。

　　E_FJ 需要了解不是每個人都以團體為重或認同主流價值觀，而我們的社會本來就很多元，也需要各式各樣不同的人才能激發火花並成長。他們必須了解自己的底線與能耐，在能力範圍內幫助他人，並了解自己的付出不是「犧牲」，而是出於自願，能夠為自己帶來成就感。

致 ENFJ：
「你的貢獻可能未來才會受人由衷欣賞」

● ENFJ 是最符合你的類型嗎？

☐ 你關注大家的感受以及團體動力。做決定時，會先發想有什麼方式可以解決大家的問題，是否需要因為人的不同而做調整。

☐ 你會設想未來如何讓人們快樂，並預作準備。

☐ 你可能喜歡研究如何讓小團體乃至全人類過得更好。

● 身邊的人可能這樣形容你

☐ 開朗	☐ 樂於助人	☐ 同理心強	☐ 關懷他人
☐ 友善	☐ 忠誠	☐ 雞婆	☐ 很需要被關懷
☐ 容易走心	☐ 能煽動人心	☐ 注重和諧	☐ 喜歡規劃活動
☐ 地下領袖	☐ 影響力強	☐ 可以為了未來和諧犧牲現在	

※ 如果你想初步「探索」ENFJ 有多符合你，可以參考以上敘述與你相符的程度。但請務必注意，以上並非 MBTI 官方的正式評量，千萬不要以此「認定」你的人格類型。

　　《獅子王》的獅王木法沙也是動物之王，他理解生命生生不息，在他與兒子談話時，可以感受他非常盡責地保護家園跟生活其中的動物。他雖然仁慈，但也具有威嚴，是大家尊敬的對象。

　　《X 戰警》的 X 教授充滿了愛，他收留不夠成熟或不太會控制自身力量的變種人青少年，像慈父一樣地照顧、訓練他們。他的最終目標是讓變種人與人類和平共處，但是他也非常清楚有時這會需要武力才能達成，所以他創立了 X 學院，並建立由變種人組成的超級英雄團隊「X 戰警」。X 教授為了人類的安全，在琴（鳳凰）的小時候封印住他深不可測的鳳凰之力，因為他看到了這股力量的黑暗面。

　　X 教授是個非常有趣的比喻，讓我們看到 ENFJ 為了維護和平，會強行壓抑自己和他人「黑暗」的那一面，犧牲了讓人做真實的自己的機會。但是一如電影裡的情節，這樣的壓抑總有一天會爆發，威脅 ENFJ 一直想要維護的安全假像。

特質 **超前部署，照顧別人的需求**

　　你從小就能把所有的線索串聯在一起，比如說小時候餓了便哭，哭了就發現媽媽來了，於是你很小就找出這種連結，明白「我怎麼做，別人會有什麼反應」，久而久之就變成一種同理的直覺，別人好像一笑或是一皺眉頭，你就大概知道他們在想什麼了。

　　隨著年齡增長，你愈來愈可以從別人的行為模式去預判他們未來的需求，並想像有什麼方式可以提前準備，以便讓大家都過得很好。例如你注意到現在的青少年在社群媒體發達的時代成長，可能因為看到別人過度包裝的生活而感到憂鬱，因此你提早想出一些可以讓青少年建立信心的方法。

　　當你看出了大家的需求，而當前的社會並無法加以滿足時，若你可以運用自己的能力，創造新制度或是透過宣導讓大家過得更好、更平等──小至你的家人朋友，大到國家、世界──並可以號召志同道合的人一起，你就能走

入心流狀態。例如夏天大家一起去爬山，你想到有人可能不知道山上山下的溫差而忘了帶外套，你也想到大家在長途跋涉的途中會餓，因此，你不只出發前發了提醒給大家，還多帶了外套跟小點心，以備不時之需。

你對於愛的人會噓寒問暖，試著了解他們的喜好並加以滿足。你可能會計畫一些驚喜，讓他們備感窩心。例如很久沒有回國的友人，你會準備家鄉菜或是你猜他會喜歡的料理，藉此歡迎他回家。

關卡　太在意別人需求的一人公關公司

當你過度在意別人，你會很像一人公關公司，花很多時間在滿足別人的需求。當你無法滿足那些需求時，你就會一直看到自己的不足，質疑自己為什麼做不到、為什麼這個世界大家都過得這麼痛苦。相對地，你比較少看到自己需要什麼。所以，在幫助別人之前先想一想，自己想不想做這件事情、有沒有時間，再來也要考量別人需不需要你的幫忙。

　　當你的資訊不足，或是還沒有見過這麼多世面，就過於相信直覺，可能誤判別人的感受。例如你看到老闆皺眉頭，就妄下結論，認為老闆不喜歡某方案，卻沒有去驗證這個推論是否合理、老闆是不是這樣想。如果你推估錯誤，努力開發了許多不同的可能，最後才發現老闆根本就喜歡最初的方案，你就會覺得吃力不討好，感到很傷心。

　　在壓力下，你可能過度關注感官接收到的資訊，像是你看到別人看你的眼神好像不太對，就過度分析，懷疑對方反對你的想法，卻不去思考有沒有其他的可能性。所以，你要先找到自己的信念，才不會很容易被拉著走，因為別人的一個眼色或一句話就動搖。

　　就像偶像劇裡的男女主角戀情都已經很坎坷了，好不容易兩人快要撥雲見日，這時通常女二或某個配角就會出來挑撥離間，讓主角聽了以後很難過，然後突然離開這段感情。我每次看到這種都會想，這個主角就是 ENFJ 沒有發展好，過度使用感官而妄下結論，認定對方一定是不愛自己了。

　　你比較難理解為什麼有人堅持做一些不能讓大家共好的決定，或是有些人為什麼做事完全不顧人情。例如 007 的主管 M，每次都會跟他說「你給我好好聽話，不要亂搞、弄個國際事件出來」，但是 007 幾乎每次都當耳邊風。雖然他因此常常闖禍，但也因為不容易被規則框住而可以完成很多任務。

　　所以，這類型的人也有值得欣賞的地方。因為如果每個人都犧牲自己照顧別人，也默默希望別人會為團體做些妥協，那麼這個世界上就沒有人可以真正達到自我實現。此外，我們的社會也需要有人不會因為人情壓力而不去指出問題，才能讓我們找出社會風氣或文化潛藏的負面影響。

提醒　劃出界限，你的人生不會崩塌

　　我的第一個建議就是先想清楚自己要什麼、自己的信念是什麼，不然你一輩子都會被人家拉著跑。因為你想要大家都喜歡你，久而久之心裡的內耗會讓你非常累，也懷疑人生的意義到底在哪裡。尤其是當你很辛苦，但別人還是沒有看到你的價值，或是後來因為某些事情跟你翻臉，

這就真的會打擊到你的自信心。

　　第二個建議就是釐清哪些人對你是重要的，哪些則是要放掉的。因為你太習慣只要有人需要，你就去滿足，但是你真的沒有這麼多時間跟力氣。我有個朋友非常熱心，曾經為了某個慈善機構募到很多的款項，後來其他的慈善機構都找上門，漸凍人、受虐兒、流浪動物等，但是到最後他分身乏術，也因為投入每個單位的時間並不多，所以別人並沒有看到他的付出。

　　再來，就算是你再愛的人，也必須劃出界限。很多時候他並不會因為你不幫忙就完蛋了，如果你一直把一個人照顧得好好的，你其實剝奪了他的一些學習機會。很多人必須要從失敗中學習，沒有經歷就不會長大。所以我們會看到有些很能幹的父母，小孩卻不太會處理事情，或是一些很天兵的父母，小孩卻非常能幹。

　　當你劃出界限的時候，可以這樣想：「我不是見死不救，我只是必須先顧好自己。」同時，你也要學習接受別人不喜歡你，或者別人聽到你的界限可能會難過。另外，

你也可以試著想想看，如果別人不需要你、不喜歡你會怎麼樣，最壞可能發生什麼事情。其實你的人生不會崩塌，你的存在也不是來服侍其他人的。

你可能非常相信自己看到的潛規則，比如說小時候人家教過你什麼樣的交情紅包包多少，或是公司面試一定要穿什麼衣服、要怎麼樣跟老師講話，你會覺得這些才是正確的，別人也必須照著做，否則就是很糟糕的人。

但你要退後一步，想想看你覺得對的事情，不一定所有人都覺得對，就算社會要有一些潛規則才可以和諧，每個人還是可能有不同的看法。所以當別人觸發你的時候，可以想一想：他這樣真的會影響大家嗎？自己為什麼這麼生氣？他們做的事情是不是你潛意識也想做，卻壓抑下來或強迫自己放棄的？你是不是太想控制外局跟其他人了？

完整的 ENFJ 了解自己的目標，能透過對人的埋解跟看到未來趨勢而作準備，他們不再跟人對立，也能夠試著了解不同人的出發點，願意透過同理來解決問題。就像一

些環保人士，當他們無法理解為什麼有人為了商業利益會破壞森林，一旦把這些人標籤化後，就無法相互協商。如果他們能看到背後的原因，也許這些砍伐森林的人沒有其他資源生活等等，就可以試著在抗爭之外，尋求其他兼顧環保與生計的辦法。

你帶給世界的禮物

> " 預先看到大家未來的需求 "

\# 照顧他人

\# 以團體為重

\# 未雨綢繆

致 ESFJ：
「大家過去與現在的需求，
不一定是未來的需求」

● ESFJ 是最符合你的類型嗎？

☐ 你關注大家的感受和團體動力。做決定時，會先參考過去的經驗來設想大家的需求。

☐ 你可能花許多時間觀察、研究其他人的喜好。

☐ 你擅長透過一些傳統和儀式來凝聚大家。

● 身邊的人可能這樣形容你

☐ 關懷他人	☐ 友善	☐ 忠誠
☐ 傳統	☐ 組織能力強	☐ 務實
☐ 樂於助人	☐ 在意別人怎麼看你	☐ 里長
☐ 喜歡規劃行動	☐ 辦活動的主揪	☐ 善於社交
☐ 注重和諧	☐ 很需要被關懷	☐ 容易走心

※ 如果你想初步「探索」ESFJ 有多符合你，可以參考以上敘述與你相符的程度。但請務必注意，以上並非 MBTI 官方的正式評量，千萬不要以此「認定」你的人格類型。

　　海綿寶寶是個喜劇型的卡通人物，雖然在卡通裡面有些誇張，但是可以看得出來，他的一舉一動都是為了團體的和諧。

　　《天龍八部》的喬峰（蕭峰）是個情感豐富的悲劇英雄，他在江湖上名聲顯赫、見義勇為、富有同情心，也是個愛國人士，黑白分明。當他發現自己的身世，原來是自己一直以為的「壞人」時，便面臨身分認同危機（identity crisis），他無法分辨應該要維護哪一方的和諧，最後因為感情用事而讓自己陷入兩難，在難以抉擇的拉扯之中決定自我了斷。

特質　你就像凝聚全家族的族長

你比較善於運用過去的經驗來促進團隊和諧，所以你喜歡節慶或是一些傳統，因為以你的經驗來說，好像每年中秋節全家烤肉賞月或是公司尾牙等都可以凝聚團體，所以你可能擔任家族聚會發起人或是公司的福委會代表。

不管你是家庭主夫、家庭主婦，或是公司老闆、部門主管，如果可以讓你運用過去的經驗來建立系統，照顧到身邊所有的人，這就是你的心流狀態了。像我一個很要好的朋友，在美國一間大型企業專門做多元共融的訓練，他在工作中可以跟人密切互動，還可以詳細解說多元共融的重要性，因而可以獲得很大的成就。

你愛人的方式像典型故事中的好阿媽，常常問人家想吃什麼、會不會冷、需不需要幫忙等。你的關懷就像太陽一樣的溫暖，尤其對內心空虛及孤單的人來說更是如此。

關卡 人事物都會改變，記得更新腦中硬碟

　　當你過於關心群體或是其他人的時候，可能忽略自己的感受。尤其是如果身在衝突很多的家中，你可能很早就要扮演和事佬，花很多時間關注大家的情緒、犧牲自己成全別人，導致你沒空覺察自己的需求。如果你過去曾有不好的回憶，也有可能更加花時間去關注或討好別人。

　　當你累積的過去經驗不夠多時，你對人家的「好」可能來自於心中的「以為」，就是對方曾經喜歡過什麼東西，你就一直給他、一直給他、一直給他，當對方不願意再接受這份好意時，你可能覺得很受傷。

　　例如我跟一個朋友吃飯，我第一次點了牛排，之後每一次出去他都會約牛排館，因為他會依照過去的經驗來推測我的喜好，但其實我只有那天想吃牛排，其他時候想吃別的東西。你一定要記得，人事物都會隨時間而改變，而且人也不總是呈現自己最真實的那一面，所以除了參考過去的經驗之外，也要留意更新資訊。

在壓力下，你可能過度運用直覺，例如遇到跟過去大不相同的事情，感到困擾時就完全走靈修路線，像是學人類圖、塔羅牌，或是參加在森林裡三天的打坐行程。有時你也會去算命，因為希望可以控制外在環境。不過，相較於「適不適合換工作」這種一般的問題，你可能更想問人生的意義或情感問題。

因為你在意其他人的想法，所以碰到問題時，也可能不停向外界求助，比較不會向內尋找答案，因而低估了自己內在的力量。

你較不擅長或較不重視所謂的「邏輯」。因為你的重點是「大家都好我就好了」，所以你可能覺得一件事情就算合理，只要做了會讓整個團體的人不開心，或是需要犧牲某些人，不如不要做。

比如說配偶外遇可能滿明顯的，但你還是選擇睜一隻眼閉一隻眼，每天繼續做自己的事情，擔心去面對會影響家庭和諧。也就是說，你比較不習慣用數據、論述來評估事情，可能盲從或不願意看到真相。

　　你可能最討厭挑戰傳統、想要推翻習俗的人，尤其是這類舉動若威脅到了你的信念，你的反應會特別強烈。對於那種把自己放第一、為了自身未來的名利而努力的人，你也覺得非常自私、無法理解。

　　不過，這些人實際上也有他們值得欣賞的地方，畢竟世界上有很多傳統習俗會漸漸不合時宜，如果有人能理性檢視這些傳統習俗，就可以帶給我們一些啟發。而「自私」的人把自己放在第一位，從另一個角度來看，就是他們會照顧好自己，不會造成其他人的負擔（特別是對你這種常常為別人操心的人）。

　　此外，我們也需要有人為了說出事實，不畏人情壓力或是敢於挑戰權威，這樣才可以推動人類的進步。

　　像我生完小孩後，每天都有志工來房間跟我說餵母奶的好處與重要性。當我發現母乳不足時，他們也一直加油打氣，給我很多飲食祕方。所以第一胎時，我堅持全部餵母乳，搞得小孩因為奶水不足而體重急速下降，而我也因為給自己太大的壓力而產後憂鬱。但是到了第二胎，我就會告訴這些志工朋友，我母乳不夠時會給小孩喝奶粉。

對他們來說，我是個任性（也可能是自私）的產婦，但是對我來說，就算是知道母乳最好，還是必須要做對自己身心健康最好的決定。

提醒　為了維護和諧，偶爾也要強悍

你要找出自己的信念，並有所堅持。雖然你重視團體和諧，但是每個人的想法都不一樣，你永遠沒辦法讓所有人都喜歡你的決定或是認可你，你要提早接受這一點。我知道這個知易行難，你可以先試試看確立自己的信賴圈圈（circle of trust）：你希望獲得哪些人的認可，再以此為核心，慢慢往外擴大圈子。若比較外圈的人對你有微詞，學習放下，不要因為任何一個人不喜歡就影響你的決定。

你也要學習說不，設定好自己的界限之後，不需要每次都答應別人的要求。也許你會覺得很不好意思，但是你要回頭問問自己：「我不好意思說不，可是他為什麼好意思問我？」況且，有的人其實只是問問看，也不是非要你答應不可。

　　進一步來說，你也可以反思，如果別人不喜歡你會怎麼樣？實際上，這不是世界末日，你不會這樣就死掉，還是可以重新再來。這樣想過之後，可以幫助你不會花太多時間迎合每個人。

　　再來，不要為了維護團體的和諧而忽視一些真相。如果你選擇不看比較醜陋的那一面，其實你維持的和諧也是表面的和諧，無法長久。

　　我建議你勇敢面對「我們出了問題」的事實，才能解決問題，達成真正的多元共融。就像我最喜歡的偶像團體BTS，曾分享他們感情一直這麼好的祕訣，就是在團體中有架一定要吵，吵完就好了。我想他們也知道，如果不爽的心情悶在心裡，更會破壞團體的和諧與默契。

　　我也建議你偶爾拿出強悍的一面，因為你傾向避免衝突，但有些人看到別人強悍時反而比較尊敬對方、比較信服，所以別害怕展現力量，也許反而能幫助團隊更和諧。

　　還有一個建議乍聽之下有點衝突，就是不要為了維護和諧而對別人過度批判。例如我有個朋友非常熱中於推動

平權、反歧視，他對任何帶有歧視的話語都是零容忍，但是這樣的行為只會讓心中有歧視的人離他愈來愈遠、組織自己的小圈圈。後來他發現，要真正推動多元共融，不是靠壓抑「政治不正確」的想法，而是提供一個安全的場域讓大家交流。因為只有互相傾聽，才能真正理解其他人的想法，也才有機會解決問題。

最後，如果你想長長久久地照顧別人，一定要先把自己照顧好。當你一直壓抑情感、犧牲自己的需求，其實就沒有好好對待自己，而真正愛你的人也不會希望你這麼做。別人的人生不是你的責任，你不需要照顧每一個人。

完整的 ESFJ 懂得在別人需要的時候提供最溫暖的支持，但也懂得每個人有不同的價值觀，而且很多時候人要經歷過失敗才會成長。所以，你會知道，有時被動陪伴就好，要適時放手，讓每個人都能學會照顧自己。

你也明白有時必須取捨，不可能永遠讓每個人都開心。每個決定一定有人支持，也一定有人反對，你要找到自己的信念、邏輯與底線，不再害怕做出困難的決定。

你帶給世界的禮物

"

運用過去經驗，讓大家相處更和諧

"

\# 重視群體

\# 小太陽

\# 同理心

後語

世界需要不同的你我

　　某個週六我剛睡醒，跟老公閒聊了一下頻道的人物採訪。忽然他話鋒一轉：

　　「你的頻道開始賺錢了沒？」
　　「沒有啊，YouTube 光靠流量沒有什麼錢，都不一定能打平剪接的費用呢。」
　　「那你要不要問問看我朋友 ×××？他也許會有些建議。你有想辦法嗎？還可能有什麼方式？」

　　忽然，我覺察到本來還慵懶躺著的我，身體開始緊繃，眉頭也緊縮。我坐了起來，拋了一句：「把鼻，unsolicited advice is not always welcomed.（有人問你時再給意見比較好）」
　　沒有等到他回應，我就氣呼呼地走入廁所鎖上了門。
　　為什麼突然生氣了呢？我的頭腦知道老公是為了我

好，非常實際的他常常不太能理解為什麼我會做賠錢的事情；我也知道他很誠心想幫忙，思考可以給我的資源，但是頭腦雖然知道，我的身體和情緒卻有不同的反應。

　　自從幾年前開啟了自我覺察的里程，透過 MBTI 看到了我的特質，也發現我壓抑的那個「陰暗面」。我看到選擇扮演「強者」的角色對我人生的影響，這角色有著「無所不知、無所不能」的特質，因此，我不喜歡人家覺得我是弱者或是需要幫忙。對我來說，這代表了我不夠好。只要有人開始好像要說教，我的態度就會變得很強硬、防衛心很強，有時就會辯論起來。所以曾經較我年長一些的男性是我能躲就躲的族群，後來發現是因為比例上，這個族群最喜歡對我說教。

　　久而久之，理所當然地，這個族群的人（以及其他看過我對別人主動提建議的反應的人）會怎麼看我？

　　「這個人耳朵很硬聽不進建言。」
　　「這個人不想被幫忙。」

「他很有想法，最好還是順著他的意思，聽他的。」
「跟他溝通可能會吵架。」

於是，在工作上，大家盡量跟我保持距離。如果有些建議，能不說也盡量不要說。誰會沒事想要找架吵呢？

慢慢地，我愈來愈覺得我做的事應該沒有錯（沒有什麼反對的聲音啊！），但也覺得為什麼身邊的人都不夠努力、不會自動自發，也沒有人主動支持我。這證實了我從前的信念：沒有人會幫你，只有你能幫你自己。

這就是我以前的人生劇本。只是我沒看到自己如何共創了這個讓我自憐的劇情。

在廁所靜了一下，我知道為什麼自己生氣了，因為：

1. 我其實這陣子為了 YouTube 沒有賺錢又很費時而苦惱，對於是否還要花這麼多時間或是要不要接業配，內心交戰著，而老公的話直接戳到我的痛處。
2. 他建議我去問別人就代表我不會，我這個「強者」

的人設扮演久了，對於求助這個行為還是有反射性的抗拒。

從廁所出來，我為自己這麼沒禮貌的行為向老公道歉，也跟他分享我有這麼大情緒的理由。但是當下我還是覺得他很白目，認識了這麼多年，還不知道這樣說會讓我生氣嗎？不過想想，我自己就算經歷了自我覺察，知道自己的盲點，還不是當下沒有多想就生氣了？

所以他不是白目，我也不是沒有學習，只是我們沒有特別注意時，就會呈現最原始的自己。

MBTI 只是我覺得最好懂又最方便的一種自我覺察工具，但它並非唯一的工具。也許你是因為 MBTI 而來的，但這並不是我寫這本書的重點。我希望透過這本書，可以為大家帶來這些幫助：

1. 了解自己的本質。這包含被肯定的地方（例如獨立自主）以及盲點和被壓抑的一面（例如不注重團體

合作、不聽建言）。

2. 看到每種性格各有優點（如果沒有我老公這麼實際
的人，我們家可能時不時就要餓肚子了）。

3. 建立更有品質的關係。唯有接受自己的每一個面
向，你才可能接受其他人的一切，也才能建立健康
的關係。

當然，如果可以更深入，我也希望大家觀察自己的潛
意識偏見是如何形成的。就像前面提的，我因為自己的特
質，對比我年長的男性有敵意。自我覺察是一輩子的學
習，一旦你對自己有更深的領悟，你會像戴了不同顏色的
眼鏡，對世界產生不同的見解。我不會因為「學過了」就
再也不會看人不順眼，或是再也不會生我老公的氣，因為
那是我的直覺反應，但次數會愈來愈少，而且每次當這種
事情發生後，我知道我會學到更多關於自己跟其他人的事
情，因為我的心態與想法不同了。

　　最後，跟大家分享一句我非常喜歡張愛玲在《傾城之戀》中寫的一句話：

　　如果你認識從前的我，也許會原諒現在的我。

　　不管看別人或看自己，不要只看眼前這一秒鐘的樣貌就有所批判。只有理解，我們才能和解；只有和解，我們才能前進。

　　我的烏托邦就是希望每個人都可以呈現真實的自己，讓我們的世界可以像彩虹一樣那麼繽紛、精彩、美麗。

致謝

能夠寫完這本書，實在有太多需要感謝的人。

首先要感謝的，就是我的 INFP 助理兼工作夥伴 Tina。當初如果不是他提議，我絕對不可能開始嘗試錄 YouTube 影片。從一開始的構思到剪接上傳，他都是「Sherry's Notes 雪力的心理學筆記」幕後的最大功臣。如果沒有這個頻道，也不會出現寫這本書的契機。

再來就是在我頻道還沒有很多訂閱者時，就看出我潛力的三采夥伴。他們參與策劃、提供建議，尤其在我碰到寫作瓶頸時給予支持與協助。尤其謝謝 INTJ 曉雯的規劃，以及 INFP 的惠民細心整理我凌亂的草稿。

最後，也是最重要的，就是一直以來在 YouTube 與 Bilibili 上關注我頻道的忠實觀眾。你們無私分享自己的經驗，讓我能更深入了解 MBTI，你們的回饋也告訴我我對你們的影響，而這些都是讓我繼續下去的動力。

你們是我能夠完成這本書的金三角，缺一不可。

在中年轉業，有太多的不確定性，也非常惶恐。這股勇氣的背後，其實涵蓋了無數人給我的愛與支持。如果沒有你們，我可能無法跨出這一步。我希望藉由我的第一本書，對你們表達我的感謝：

我的父母、妹妹和弟弟無條件支持我，也讓我看到終生學習的榜樣。

當我的照妖鏡、每天都讓我有所學習的三個小孩。

還有為我加油打氣、讓我覺得很幸福的家人們（My extended family）！

最重要的，是不說鼓勵的話，但是給我無限時間、財務自由以及分擔家務來支持我的老公。

My professors at Columbia Teachers College: Debra Noumair, Warner Burke, and Bill Pasmore. XMA really did change my life! It's the change point that led me to this book.

My girlfriends from XMA: Bobbi, Diana, Frankie, Meredith, and Merri. Thank you Kweens for being my walking "Google Scholar", for your constant support, and for keeping me accountable.

熱情又支持我的智囊學姊團：Maria 和 Charlotte。My Circle of Trust：老趙、春秋女團們。My spiritual teacher Elian. 以前開平國際部的老同事蔡佩娟、黃允薇與學生們，謝謝你們永遠當我最熱情的粉絲。

此外，還有台灣女董事協會的姊妹們，特別是介紹我入會的高中同學王立心、榮譽理事長蔡玉玲、學院的兩屆校長童至祥，以及陳敏慧、mentor 莊淑芬、同學王傳芬、楊正秋等協會中的眾多姊妹，在我低潮的時候用不同的方式支持我、給我肯定。

還有可能不常見面、但是成就了今天的我的朋友們！

Thank you! Thank you! And thank you!

MBTI 的心智功能

MBTI——每個人心中都有 16 個房間

　　MBTI 的 16 種人格類型就像每個人心中都有的 16 個房間，最符合你的人格類型只是讓你最舒服的那個房間，而不是你「唯一」擁有的房間。

ISTJ	ISFJ	INFJ	INTJ
ISTP	ISFP	INFP	INTP
ESTP	ESFP	ENFP	ENTP
ESTJ	ESFJ	ENFJ	ENTJ

8 種心智功能介紹

　　每種心智功能都代表一種看待世界或做事的方式，而每個人都會用到這 8 種心智功能，差別只在於是否擅長與慣用而已。請注意，「擅長或慣用」是自己的各個功能相互比較的結果，而非跟別人比較。

心智功能	說明
S_I 內向實感	以自己的實感經驗去理解、詮釋、規劃現在與未來
S_E 外向實感	透過感官接收當下的外界資訊
N_I 內向直覺	透過內在的資料庫理解跟探索（未來）可能性
N_E 外向直覺	把外界的不同線索串聯在一起，進而看出大方向與趨勢
T_I 內向思考	從不同的向度進行客觀分析，並建立邏輯
T_E 外向思考	快速看清現況，再進行資源的整合與管理
F_I 內向情感	感受自己、了解什麼對自己最重要、跟自身內在情緒連結
F_E 外向情感	透過與他人溝通、聯絡情感，讓團體更和諧、關係更好

MBTI 人格類型的心智功能對照表

　　主導與輔導功能是你天生傾向開發的心智功能，第三功能則通常在青少年時才開始開發，而你最不擅長、不願使用或習慣壓抑的則是第四功能。

		主導功能	輔導功能	第三功能	第四功能
CH4	ISTJ	S_I 內向實感	T_E 外向思考	F_I 內向情感	N_E 外向直覺
	ISFJ	S_I 內向實感	F_E 外向情感	T_I 內向思考	N_E 外向直覺
CH5	ESFP	S_E 外向實感	F_I 內向情感	T_E 外向思考	N_I 內向直覺
	ESTP	S_E 外向實感	T_I 內向思考	F_E 外向情感	N_I 內向直覺
CH6	INTJ	N_I 內向直覺	T_E 外向思考	F_I 內向情感	S_E 外向實感
	INFJ	N_I 內向直覺	F_E 外向情感	T_I 內向思考	S_E 外向實感
CH7	ENFP	N_E 外向直覺	F_I 內向情感	T_E 外向思考	S_I 內向實感
	ENTP	N_E 外向直覺	T_I 內向思考	F_E 外向情感	S_I 內向實感

		主導功能	輔導功能	第三功能	第四功能
CH8	ISTP	T_I 內向思考	S_E 外向實感	N_I 內向直覺	F_E 外向情感
	INTP	T_I 內向思考	N_E 外向直覺	S_I 內向實感	F_E 外向情感
CH9	ENTJ	T_E 外向思考	N_I 內向直覺	S_E 外向實感	F_I 內向情感
	ESTJ	T_E 外向思考	S_I 內向實感	N_E 外向直覺	F_I 內向情感
CH10	ISFP	F_I 內向情感	S_E 外向實感	N_I 內向直覺	T_E 外向思考
	INFP	F_I 內向情感	N_E 外向直覺	S_I 內向實感	T_E 外向思考
CH11	ENFJ	F_E 外向情感	N_I 內向直覺	S_E 外向實感	T_I 內向思考
	ESFJ	F_E 外向情感	S_I 內向實感	N_E 外向直覺	T_I 內向思考

國家圖書館出版品預行編目資料

MBTI 我，和我的使用說明書：雪力獻給 16 型人們，
找到最舒服的自己 / 雪力（夏瑄澧）作 . -- 初版 . -- 臺
北市：三采文化股份有限公司, 2023.04
　　面；　公分 . -- (Mind map)
ISBN 978-626-358-026-8(平裝)

1.CST: 人格心理學 2.CST: 人格特質

173.75　　　　　　　　　　　112000872

◎圖片提供：iStock.com / AntiMartina；
iStock.com / Jelena83

suncolor
三采文化集團

Mind Map 254

MBTI 我，和我的使用説明書：

雪力獻給 16 型人們，找到最舒服的自己

作者｜雪力（夏瑄澧）
編輯四部總編輯｜王曉雯　資深編輯｜王惠民
美術主編｜藍秀婷　封面設計｜方曉君　版型設計｜方曉君
內頁編排｜新鑫電腦排版工作室　校對｜周貝桂
行銷協理｜張育珊　行銷副理｜周傳雅

發行人｜張輝明　總編輯長｜曾雅青　發行所｜三采文化股份有限公司
地址｜台北市內湖區瑞光路 513 巷 33 號 8 樓
傳訊｜ TEL:8797-1234　FAX:8797-1688　網址｜ www.suncolor.com.tw
郵政劃撥｜帳號：14319060　戶名：三采文化股份有限公司
初版發行｜ 2023 年 3 月 31 日 定價｜ NT$450
　　10刷｜ 2024 年 5 月 30 日

suncolor

suncolor